最高にオモかわいい

ほぼねことねこ図鑑

監修　今泉忠明
イラスト　湊谷 鈴

日本文芸社

はじめに

ふわふわの毛並《けな》みにまん丸《まる》のお顔《かお》、
元気《げんき》いっぱいに遊《あそ》ぶ姿《すがた》……。
ネコって、本当《ほんとう》にかわいいですよね！

そんな、おうちでまったりと過《す》ごす
ネコたちのことを「家《いえ》ねこ」といいますが、
じつは、ライオンやトラ、ジャガーなど、
野生《やせい》の世界《せかい》を命《いのち》がけで生《い》き抜《ぬ》く動物《どうぶつ》たちも、
同《おな》じ「ネコ科《か》」の仲間《なかま》！
きびしい自然《しぜん》の中《なか》で暮《く》らしながらも、家《いえ》ねことそっくりの特徴《とくちょう》や
しぐさが見《み》られることから「ほぼねこ」と呼《よ》ばれることもあるのです。

この本《ほん》では、野生《やせい》のほぼねこと家《いえ》ねこたちの最高《さいこう》に
おもしろくて、かわいい特徴《とくちょう》をたくさんご紹介《しょうかい》！

チーターは足《あし》が速《はや》くてかっこいいけれど、
20秒《びょう》以上《いじょう》走《はし》れない!?
トラはあんなに体《からだ》が大《おお》きいのに、
イヌの群《む》れが苦手《にがて》!?
マンチカンは足《あし》がとっても短《みじか》いけれど、
運動神経《うんどうしんけい》がバツグン!?

生《う》まれた場所《ばしょ》や、生《い》きてきた環境《かんきょう》の違《ちが》いから、
個性《こせい》ゆたかに進化《しんか》してきたネコ科《か》動物《どうぶつ》たち。
その本当《ほんとう》の姿《すがた》を知《し》れば、ネコたちのことを、
もっともっと好《す》きになれるはずです！

プロローグ 1

ネコはいつ、どこで生《う》まれたの？

ネコのはじまりといわれるミアキス

今《いま》いるネコたちのはじまりになったのは、およそ5500万年《まんねん》も前《まえ》に生《う》まれた「ミアキス」という小型《こがた》の動物《どうぶつ》だといわれています。

遠《とお》い昔《むかし》のことなので、くわしいことはわかっていませんが、足《あし》には出《だ》し入《い》れできるツメがついていて、おもに木《き》の上《うえ》で過《す》ごすタイプや、地上《ちじょう》で生活《せいかつ》するタイプがいたようです。ミアキスは、ネコだけでなくイヌやアシカなどのさまざまなほ乳類《にゅうるい》の祖先《そせん》になったと考《かんが》えられているのです。

ミアキスが進化《しんか》して「ネコ科《か》」が誕生《たんじょう》！

やがてミアキスが進化《しんか》し、およそ1100万年前《まんねんまえ》に生《う》まれたと考《かんが》えられているのが「ネコ科《か》」です。

ネコ科《か》は現在《げんざい》、8つの系統《けいとう》（グループ）に分《わ》かれていて、動物園《どうぶつえん》でよく見《み》るライオンやチーターなどの野生《やせい》のほぼねこも、おうちでくつろぐ家《いえ》ねこも、この8つのどこかに入《はい》るんですよ。ちなみにおうちにいるネコたちは「イエネコ系統《けいとう》」というグループ。同《おな》じグループには、野生《やせい》で暮《く》らすネコたちも入《はい》っています。

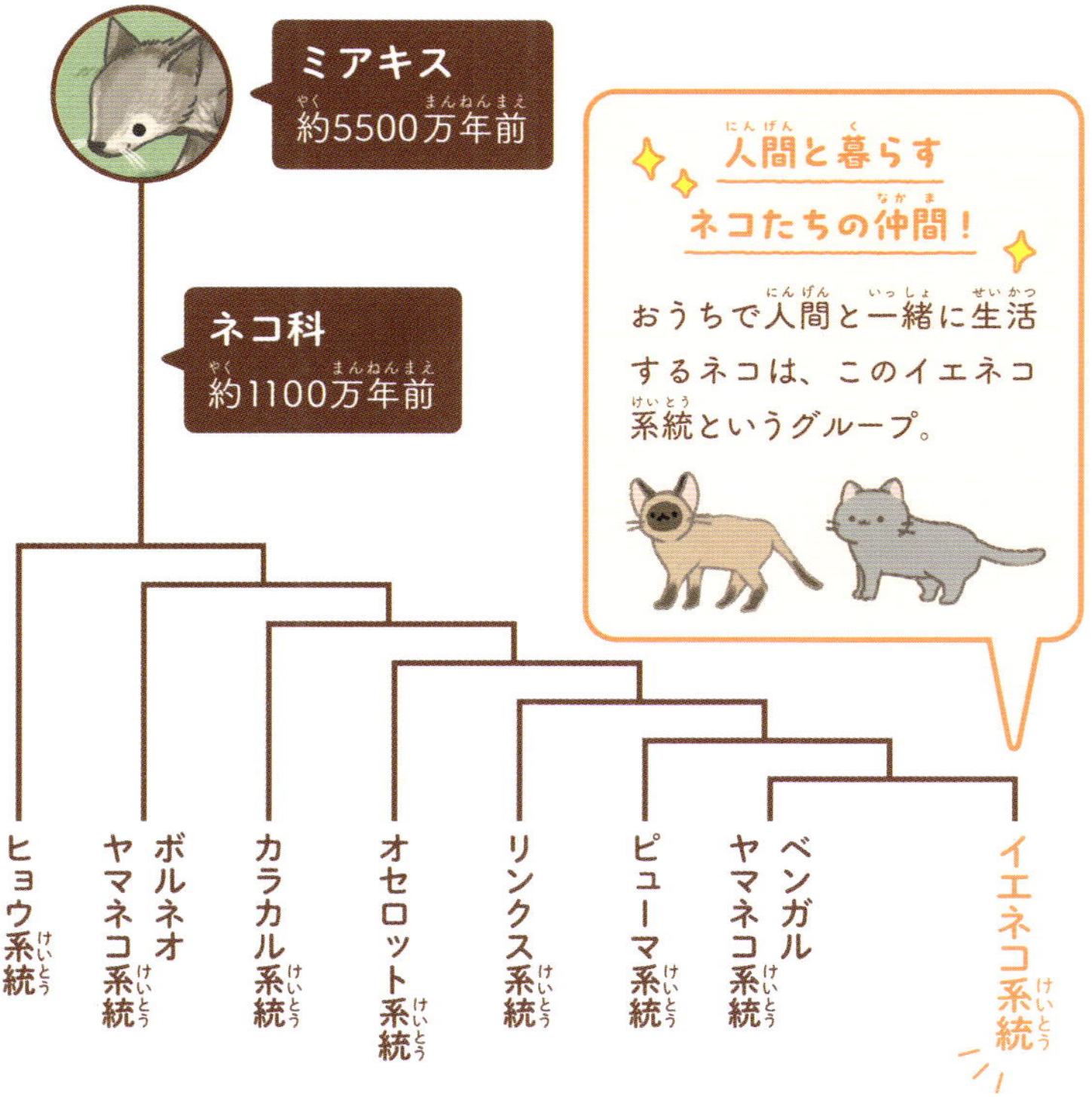

ミアキス
約《やく》5500万年前《まんねんまえ》
ネコ科
約《やく》1100万年前《まんねんまえ》
人間《にんげん》と暮《く》らす
ネコたちの仲間《なかま》！
おうちで人間《にんげん》と一緒《いっしょ》に生活《せいかつ》するネコは、このイエネコ系統《けいとう》というグループ。
ヒョウ系統《けいとう》
ボルネオヤマネコ系統《けいとう》
カラカル系統《けいとう》
オセロット系統《けいとう》
リンクス系統《けいとう》
ピューマ系統《けいとう》
ベンガルヤマネコ系統《けいとう》
イエネコ系統《けいとう》

プロローグ 2

個性《こせい》がいっぱい！ ネコ科《か》の仲間《なかま》たち

1. ヒョウ系統《けいとう》

人気《にんき》メンバーが勢《せい》ぞろい！

ヒョウ ▶32 ページ

ライオン ▶54 ページ

ライオンやトラ、ジャガーにヒョウなど、大《だい》人気《にんき》の動物《どうぶつ》たちが集《あつ》まる注目《ちゅうもく》グループ！

2. ボルネオヤマネコ系統《けいとう》

アジアゴールデンキャット ▶50 ページ

中《ちゅう》・小型《こがた》の身軽《みがる》なハンター

大型動物《おおがたどうぶつ》が多《おお》いヒョウ系統《とうけい》よりも、小《ち》さく進化《しんか》したグループ。木登《きのぼ》り上手《じょうず》な身軽《みがる》な動物《どうぶつ》も！

3. カラカル系統《けいとう》

大《おお》きな耳《みみ》と美脚《びきゃく》が特徴《とくちょう》

カラカル ▶40ページ

サーバル ▶46ページ

カラカル系統《とうけい》の特徴《とくちょう》は、すらりと伸《の》びる長《なが》い足《あし》と、大《おお》きな耳《みみ》！ 高《たか》く跳《と》んだり、遠《とお》くの音《おと》を聞《き》いたりするのにいかされています。

4. オセロット系統《けいとう》

マーゲイ ▶60ページ

しげみにひそむ謎多《なぞおお》き集団《しゅうだん》

たくさんの木《き》が生《は》えたジャングルなどに隠《かく》れて暮《く》らす動物《どうぶつ》が多《おお》いため、わかっていないことも多《おお》いミステリアスなグループです。

5. リンクス系統《けいとう》

ユーラシア
オオヤマネコ
▶24ページ

いろんな大陸《たいりく》に広《ひろ》く生息《せいそく》

ユーラシア大陸《たいりく》にすむユーラシアオオヤマネコや、北《きた》アメリカ大陸《たいりく》で暮《く》らすボブキャットなど、生息《せいそく》エリアがとても広《ひろ》いのが特徴《とくちょう》。

6. ピューマ系統《けいとう》

走《はし》ったり跳《と》んだりスポーツ万能《ばんのう》！

驚異《きょうい》のジャンプ力《りょく》で獲《え》物《もの》をとらえるピューマや、時速《じそく》100キロ以上《いじょう》のスピードで走《はし》るチーターといった身体能力《しんたいのうりょく》が光《ひか》るグループ。

ピューマ
▶22ページ

チーター
▶28ページ

7. ベンガルヤマネコ系統《けいとう》

ウサギから魚《さかな》まで雑食系《ざっしょくけい》グループ

魚《さかな》をとらえるのがうまいベンガルヤマネコや、ネズミやウサギを食《た》べるマヌルネコなど、すむエリアがさまざまなので獲物《えもの》もさまざま。

マヌルネコ
▶20 ページ

8. イエネコ系統《けいとう》

スナネコ
▶26 ページ

ペルシャ
▶84 ページ

人間《にんげん》と暮《く》らすネコ 野生《やせい》で暮《く》らすネコ

人間《にんげん》と一緒《いっしょ》に暮《く》らす、おなじみのネコが属《ぞく》するイエネコ系統《けいとう》。砂漠《さばく》にすむスナネコなどの、野生《やせい》のネコもじつは同《おな》じグループです。

プロローグ 3

ネコ科《か》の特徴《とくちょう》を見《み》てみよう！

おうちの家《いえ》ねこも、野生《やせい》のほぼねこも
似《に》ているところがいっぱい！

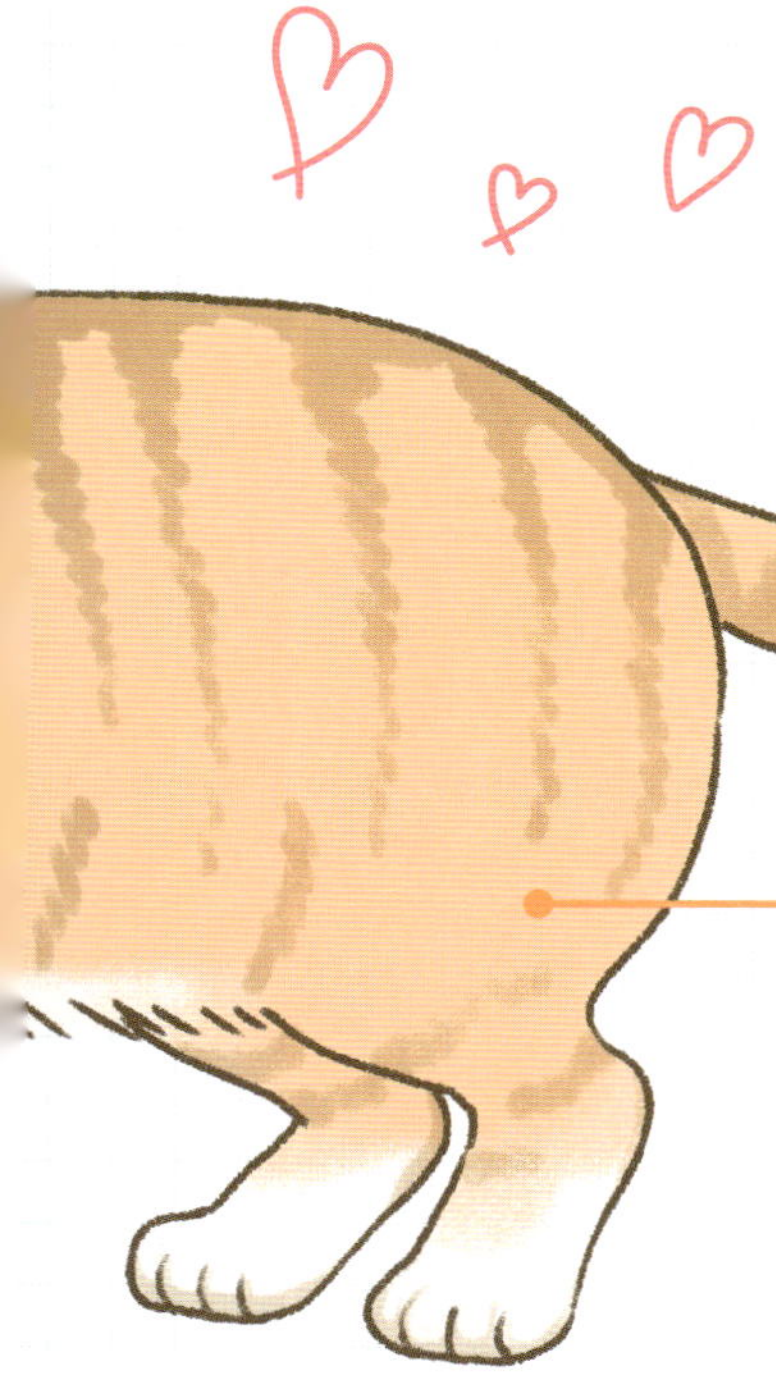

\ CHECK! /

身長《しんちょう》の5倍《ばい》の高《たか》さまで！？
驚《おどろ》きのジャンプ力《りょく》！

後《うし》ろ足《あし》の強力《きょうりょく》な筋肉《きんにく》を使《つか》って、すさまじいジャンプ力《りょく》を見《み》せるネコ科《か》。なんと身長《しんちょう》の5倍《ばい》もの高《たか》さまで跳《と》ぶことも！

\ CHECK! /

暗《くら》いところでも バッチリ見《み》える大《おお》きな目《め》

ネコ科《か》の大《おお》きな目《め》は、人間《にんげん》よりも広《ひろ》い範囲《はんい》を見《み》たり、暗《くら》いところを見《み》たりできます。

\ CHECK! /

個性《こせい》ゆたかな耳《みみ》の形《かたち》！

とがった形《かたち》、丸《まる》い形《かたち》、またはカールしていたり折《お》れ曲《ま》がっていたりと、さまざま！

\ CHECK! /

ひげを動《うご》かして まわりの情報《じょうほう》をするどくキャッチ！

動《うご》かせるヒゲをうまく使《つか》って、ほぼねこは獲物《えもの》との距離《きょり》をはかったり、家《いえ》ねこはせまいところを通《とお》ったりします。

もくじ

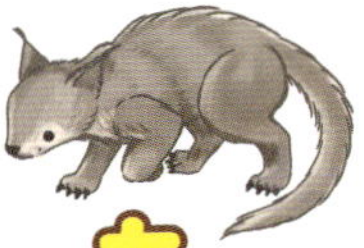

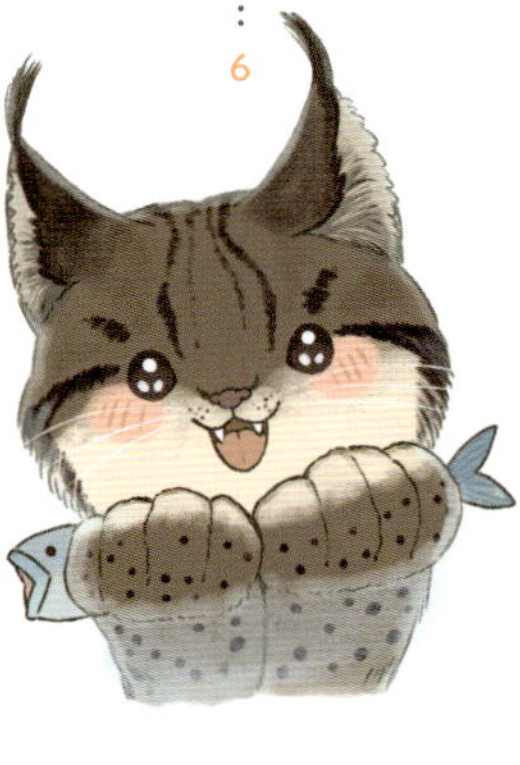

1章《しょう》 自然《しぜん》を生《い》きる ほぼねこ

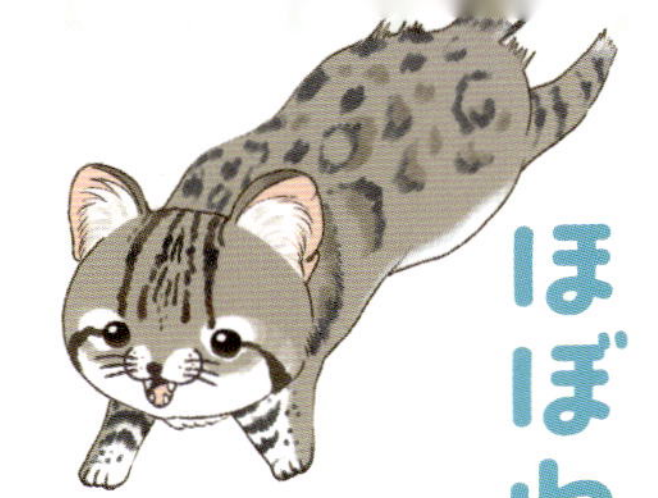

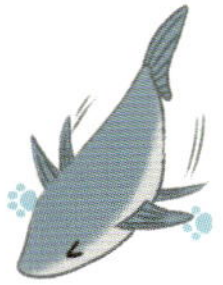

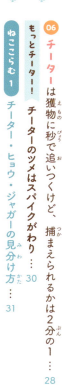

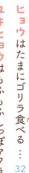

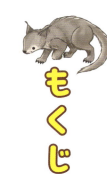

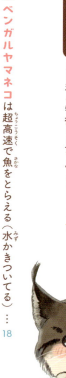

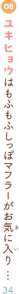

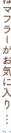

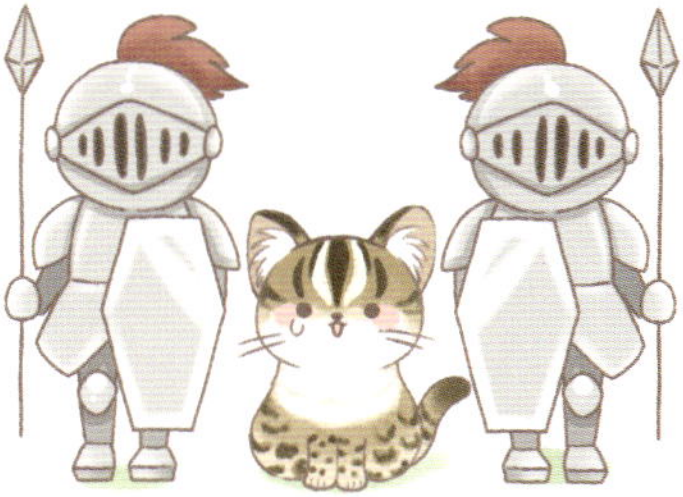

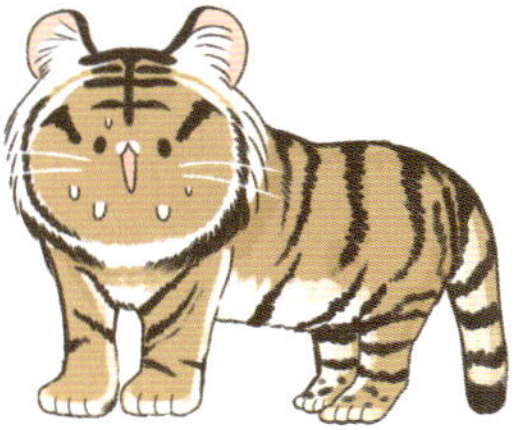

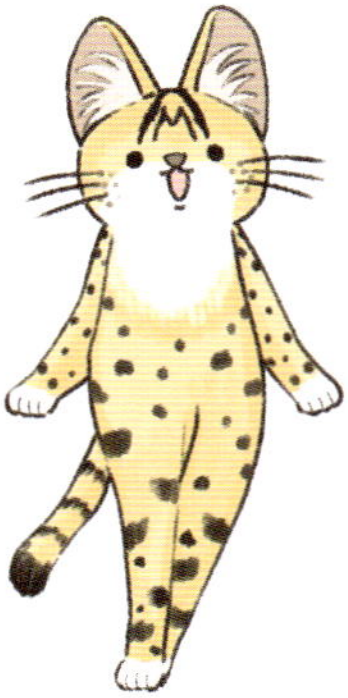

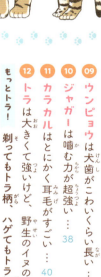

2章《しょう》 ペットで飼《か》える家《いえ》ねこ

1章《しょう》

自然《しぜん》を生《い》きる ほぼねこ

きびしい自然界《しぜんかい》を

生《い》き抜《ぬ》くために備《そな》わった、

個性《こせい》ゆたかな体《からだ》の特徴《とくちょう》や

驚《おどろ》きの身体能力《しんたいのうりょく》などを、

チェックしてみましょう！

ベンガルヤマネコは超高速《ちょうこうそく》で魚《さかな》をとらえる（水《みず》かきついてる）

足《あし》が長《なが》くて、しっぽが体《からだ》の半分《はんぶん》ほどもあるベンガルヤマネコ。体《からだ》の色《いろ》はおうど色《いろ》や薄《うす》い茶色《ちゃいろ》、銀《ぎん》色《いろ》などさまざまで、**黒《くろ》や黒《くろ》ずんだ茶色《ちゃいろ》のまだら模様《もよう》がいっぱい！**　まるで小《ちい》さなヒョウみたいです。

家《いえ》ねこと同《おな》じくらいの大《おお》きさだけど、ベンガルヤマネコは、アジアの野生《やせい》ネコの中《なか》では飼《か》い慣《な》らすのがもっとも難《むずか》しいといわれているんです。

そして、ベンガルヤマネコは、なんと水泳《すいえい》が得意《とくい》！　**前足《まえあし》の指《ゆび》の間《あいだ》に水《みず》かきがあって、魚《さかな》を捕《つか》まえるのも速《はや》くて上手《じょうず》です。**　じつは、「スナドリネコ」や「マレーヤマネコ」というネコ科《か》の動物《どうぶつ》も同《おな》じように泳《およ》ぎが得《とく》意《い》なんですよ。

ベンガルヤマネコは一度《いちど》の出産《しゅっさん》で2～3匹《ひき》の赤《あか》ちゃんを産《う》みます。生《う》まれたばかりの赤《あか》ちゃんは、たったの75～130グラム。でも、あっという間《ま》に大《おお》きくなって、10カ月《かげつ》くらいで親《おや》と同《おな》じくらいの大《おお》きさになるんです。

プロフィール

名前《なまえ》	ベンガルヤマネコ
分類《ぶんるい》	ベンガルヤマネコ系統《けいとう》
生息地《せいそくち》	南《みなみ》～東《ひがし》アジア
大《おお》きさ	35 ～ 65 センチ
性格《せいかく》	いろんな環境《かんきょう》になじみやすい

チャームポイント
速《はや》く泳《およ》げる
水《みず》かきつきの足《あし》

マヌルネコは「だるまさんがころんだ」のようにゆっくり獲物《えもの》に近《ちか》づく

足《あし》が短《みじか》くて、ふわふわの毛《け》におおわれたマヌルネコ。まあるくて、ずんぐりした体《からだ》つきがぬいぐるみみたいでかわいい！顔《かお》は平《ひら》たく、耳《みみ》が低《ひく》い位置《いち》についているのも大きな特《とく》徴《ちょう》ですね。

マヌルネコは中央《ちゅうおう》アジアの寒《さむ》い地域《ちいき》にすんでいて、なんと**マイナス50度《ど》の寒《さむ》さにも耐《た》えられる**のです！長《なが》くて厚《あつ》い毛《け》のおかげで、凍《こお》った地面《じめん》に寝《ね》そべっても体《からだ》が冷《ひ》えません。

ワシやオオカミにねらわれやすいマヌルネコは、昼《ひる》間《ま》は岩《いわ》の隙間《すきま》にかくれて過《す》ごします。マヌルネコは足《あし》が遅《おそ》いので、逃《に》げるのは苦《にが》手《て》。だから、身《み》をかくすのが得意《とくい》なのです。

夕方《ゆうがた》になると、ナキウサギやネズミを探《さが》しに出《で》かけます。獲物《えもの》を見《み》つけると、まるで「だるまさんがころんだ」のゲームのよう。**後《うし》ろから静《しず》かに近《ちか》づき、獲物《えもの》が振《ふ》り向《む》いたらピタッと止《と》まります**。そして獲物《えもの》が油《ゆ》断《だん》したところで、すばやくおそいかかるのです。

プロフィール

名前《なまえ》	マヌルネコ
分類《ぶんるい》	ベンガルヤマネコ系統《けいとう》
生息地《せいそくち》	中央《ちゅうおう》アジア
大《おお》きさ	45 ～ 60 センチ
性格《せいかく》	用心深《ようじんぶか》くておこりんぼう

チャームポイント

ふわふわでぷくっとした丸顔《まるがお》

ピューマは
大《おお》きいのに臆病《おくびょう》。
そして、高音《こうおん》ボイス

ピューマは、体長《たいちょう》が2メートルにもなる大《おお》きなネコ科《か》の動物《どうぶつ》で、森《もり》や山《やま》、砂漠《さばく》など、いろいろな場所《ばしょ》にすんでいます。

毛《け》はおうど色《いろ》や薄《うす》い茶色《ちゃいろ》で、**赤《あか》ちゃんのときはかわいいブチ柄《がら》だけど、大人《おとな》になると模様《もよう》がなくなっちゃう**んだとか。

ピューマは、すごいジャンプ力《りょく》の持《も》ち主《ぬし》。なんと5・5メートルもの高《たか》さまで跳《と》べるのです！　木登《きのぼ》りも泳《およ》ぎもとっても上手《じょうず》で、運動神経《うんどうしんけい》バツグンなんです！

獲物《えもの》を見《み》つけると、じっと待《ま》ち伏《ぶ》せして、背後《はいご》から一気《いっき》におそいかかります。

大《おお》きな体《からだ》とすぐれた運《うん》動神経《どうしんけい》の持《も》ち主《ぬし》だけれど、ちょっと臆病《おくびょう》なところもあるピューマ。警戒心《けいかいしん》が強《つよ》いので、勝《か》てなそうなケンカにはあまり挑《いど》まないみたいです。

意外《いがい》なことに、鳴《な》き声《ごえ》もとっても高《たか》いんです！　その大《おお》きな体《からだ》からは想像《そうぞう》できないような、かわいらしい声《こえ》で鳴《な》くんですよ。

プロフィール

名前《なまえ》	ピューマ
分類《ぶんるい》	ピューマ系統《けいとう》
生息地《せいそくち》	カナダ南部《なんぶ》～南《みなみ》アメリカ
大《おお》きさ	100 ～ 200 センチ
性格《せいかく》	負《ま》けず嫌《ぎら》いだけど臆病《おくびょう》なところも

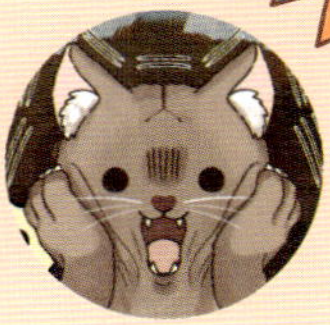

チャームポイント

家《いえ》ねこみたいなキュートな鳴《な》き声《ごえ》！

ユーラシアオオヤマネコは
足毛《あしげ》がふわっふわ

寒《さむ》い地域《ちいき》にすんでいて、ふわふわの毛《け》におおわれているのが特徴《とくちょう》のユーラシアオオヤマネコ。**冬《ふゆ》になると、足《あし》に長《なが》い毛《け》が生《は》えてきて、まるでスノーブーツみたい。**おかげで雪《ゆき》の上《うえ》を歩《ある》いても足《あし》が沈《しず》まないし、きびしい寒《さむ》さもへっちゃらです！

夏《なつ》の毛《け》は茶色《ちゃいろ》っぽくてブチ柄《がら》だけど、冬《ふゆ》になるとグレーがかった白《しろ》っぽい色《いろ》に変身《へんしん》します。その姿《すがた》はまるで雪《ゆき》のカモフラージュ！雪《ゆき》の中《なか》に身《み》をかくして、獲《え》物《もの》に見《み》つからずに狩《か》りをすることができるのです。

獲物《えもの》を見《み》つけるとこっそり近《ちか》づいて、最後《さいご》に飛《と》びかかって捕《つか》まえるのが、ユーラシアオオヤマネコの狩《か》りのスタイル。自分《じぶん》より大きな動物《どうぶつ》も倒《たお》せる力持《ちからも》ちな野《や》生《せい》ネコです。

目《め》がとってもいいのも特《とく》徴《ちょう》。**なんと300メートル先《さき》のウサギが見《み》えるんだって！**さらに耳《みみ》の上《うえ》にある黒《くろ》い毛《け》は、ただのかざりではなくて、遠《とお》くの音《おと》を聞《き》くのに役立《やくだ》ちます。

プロフィール

名前《なまえ》	ユーラシアオオヤマネコ
分類《ぶんるい》	リンクス系統《けいとう》
生息地《せいそくち》	ユーラシア大陸《たいりく》
大《おお》きさ	80 ～ 130 センチ
性格《せいかく》	活発《かっぱつ》で遊《あそ》ぶことが好《す》き

チャームポイント

ブーツのような太《ふと》い足《あし》！

スナネコは 女子《じょし》を呼《よ》ぶとき、低音《ていおん》イケボ

北《きた》

アフリカから中央《ちゅうおう》アジアにかけての砂漠《さばく》にすむスナネコ。体《からだ》の大《おお》きさは家《いえ》ねこの3分《ぶん》の2ぐらいですが、小《ちい》さくても砂漠《さばく》を生《い》き抜《ぬ》いていくための特徴《とくちょう》がたくさん備《そな》わっているのです！

まずは、**足《あし》の裏《うら》にびっしりと生《は》えた長《なが》い毛《け》。なんだかふわふわの砂漠用《さばくよう》スリッパみたい。**この毛《け》のおかげで、熱《あつ》い砂《すな》から足《あし》を守《まも》れるし、砂《すな》の中《なか》に足《あし》が埋《う》まることもありません。

大《おお》きな耳《みみ》はすぐれたアンテナ。なんと500メートル先《さき》の音《おと》まで聞《き》こえるので、暗《くら》い夜《よる》に獲物《えもの》を見《み》つけるのに大活躍《だいかつやく》。

体《からだ》の色《いろ》は、砂漠《さばく》にぴったり溶《と》け込《こ》む砂色《すないろ》。危険《きけん》を感《かん》じると、体《からだ》を地面《じめん》にぺったりとくっつけて、忍者《にんじゃ》さながらに姿《すがた》を消《け》すことができちゃいます。

顔《かお》がとってもかわいくて、**体《からだ》は小《ちい》さいのに、なんとかっこいい声《こえ》の持《も》ち主《ぬし》。**夜《よる》の砂漠《さばく》でお相手《あいて》を探《さが》すときは、その素敵《すてき》な声《こえ》でメスの心《こころ》をトキメかせるのです。

プロフィール

名前《なまえ》	スナネコ
分類《ぶんるい》	イエネコ系統《けいとう》
生息地《せいそくち》	北《きた》アフリカ～中央《ちゅうおう》アジアの砂漠《さばく》
大《おお》きさ	40 ～ 60 センチ
性格《せいかく》	気《き》が強《つよ》くてマイペース

チャームポイント

丸《まる》くてかわいい大《おお》きな目《め》！

チーターは
獲物《えもの》に秒《びょう》で
追《お》いつくけど、
捕《つか》まえられるかは2分《ぶん》の1

目《め》の下《した》からあごまで伸《の》びる、黒《くろ》い線《せん》がまるで涙《なみだ》のあとみたいなチーター。

じつは、地球上《ちきゅうじょう》で一番《いちばん》速《はや》く走《はし》れる陸《りく》の動物《どうぶつ》なのです！　驚《おどろ》くことに、**わずか2秒《びょう》で車《くるま》と同《おな》じくらいの速《はや》さまで加速《かそく》。7メートルもの大《おお》きな歩幅《ほはば》で走《はし》ります。**

でも、この速《はや》さで走《はし》れるのはほんの短《みじか》い時間《じかん》だけ。獲物《えもの》を追《お》いかけるときは、20秒以内《びょういない》に決着《けっちゃく》をつけなければいけません。せっかく追《お》いついても、捕《つか》まえられる確率《かくりつ》は2分《ぶん》の1くらいだといわれています。

獲物《えもの》を捕《つか》まえたあとはライオンやハイエナなどのほかの動物《どうぶつ》に要注意《ようちゅうい》！　せっかく捕《つか》まえた獲物《えもの》を取《と》られちゃうことも多《おお》いのです。

小《ちい》さな子《こ》チーターには、ふわふわのグレーのたてがみが生《は》えています。でも半《はん》年《とし》くらいになると、首《くび》と肩《かた》にしか残《のこ》りません。**このたてがみは、こわいときや怒《おこ》ったときに逆立《さかだ》ちます。**また、身《み》をかくしたり体温《たいおん》を調節《ちょうせつ》するのに役立《やくだ》っているという説《せつ》もあるんですよ。

プロフィール

名前《なまえ》	チーター
分類《ぶんるい》	ピューマ系統《けいとう》
生息地《せいそくち》	アフリカ～中東《ちゅうとう》・インド
大《おお》きさ	110 ～ 150 センチ
性格《せいかく》	強《つよ》くて、子育《こそだ》て熱心《ねっしん》

チャームポイント

あごまで伸《の》びる目《め》の下《した》のライン！

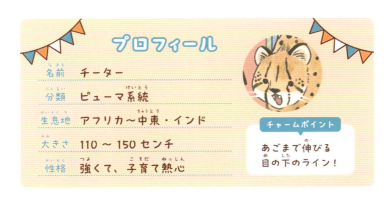

チーターのツメはスパイクがわり

ボクはチーター
世界一足《せかいいちあし》が速《はや》い
速《はや》さのヒケツは
このツメ!
CM
チータースパイク
発売中《はつばいちゅう》!
テレビ
ほしい~

最高《さいこう》で時速《じそく》100キロ以上《いじょう》ものスピードで走《はし》ることができるチーター。動物《どうぶつ》の中《なか》で、一番足《いちばんあし》が速《はや》いといわれています。速《はや》く走《はし》るための武器《ぶき》は、足《あし》のツメ。**ネコ科《か》の動物《どうぶつ》のツメはふだんしまわれているものですが、チーターはいつも出《で》たまま。**このするどいツメが、地面《じめん》をしっかりつかむのです。

ツメ、しまえない
らしい

ねこらむ 1

チーター・ヒョウ・ジャガーの見分《みわ》け方《かた》

模様《もよう》の違《ちが》いに注目《ちゅうもく》！

ひと目《め》では見分《みわ》けにくいチーター・ヒョウ・ジャガーだけれど、体《からだ》の模様《もよう》をよ～く見《み》てみると、はっきりとした違《ちが》いが！ チーターの模様《もよう》はシンプルな黒《くろ》の斑《はん》点《てん》。ヒョウは、オレンジ色《いろ》の部分《ぶぶん》のまわりを、黒《くろ》い花《はな》びらのような模様《もよう》が囲《かこ》んでいます。**ジャガーの模様《もよう》はヒョウとそっくりですが、じつはヒョウの模様《もよう》のオレンジ色《いろ》の部分《ぶぶん》には黒《くろ》い斑点《はんてん》**が入《はい》っているんです。

ほぼねこ 07

ヒョウはたまにゴリラ食《た》べる

体《からだ》に花模様《はなもよう》のような斑点《はんてん》があるヒョウは、世界《せかい》でもっとも美《うつく》しい野生《やせい》のネコといわれています。

夕方《ゆうがた》や夜《よる》に活動《かつどう》することが多《おお》く、暑《あつ》い昼間《ひるま》は木陰《こかげ》で休《やす》んでいます。狩《か》りの合間《あいま》にはスヤスヤとお昼寝《ひるね》をすることも。

獲物《えもの》を見《み》つけると、最高時速《さいこうじそく》60キロで追《お》いかけます。**そしてとらえた獲物《えもの》を、ライオンやハイエナに取《と》られないように、木《き》の上《うえ》まで運《はこ》んじゃう！** ヒョウは木登《きのぼ》りの名人《めいじん》なのです。ちなみに、泳《およ》ぐのも得意《とくい》なオールマイティー。

ヒョウはとっても器用《きよう》なハンターで、小《ちい》さなコガネムシから、自分《じぶん》の体重《たいじゅう》よりも大《おお》きな動物《どうぶつ》まで食《た》べちゃいます。なんと、**ゴリラだって狩《か》りの対象《たいしょう》に。**とくに

子《こ》どもゴリラやメスゴリラをねらうことが多《おお》いのです。

砂《さ》漠《ばく》にすむヒョウは、10日《か》に一度《いちど》しか水《みず》が飲《の》めないこともあるけど、獲物《えもの》から水分《すいぶん》をとって過《す》ごしています。

プロフィール

名前《なまえ》	ヒョウ
分類《ぶんるい》	ヒョウ系統《けいとう》
生息地《せいそくち》	アフリカ〜アジア
大《おお》きさ	90 〜 190センチ
性格《せいかく》	器用《きよう》な気分屋《きぶんや》さん

チャームポイント

ネコ界一《かいいち》
美《うつく》しい
名《めい》ハンター

ユキヒョウは
もふもふしっぽ
マフラーが
お気《き》に入《い》り

富《ふ》士山《じさん》より、もっと高《たか》い山《やま》の上《うえ》にすむユキヒョウ。

標高《ひょうこう》3000メートルから5000メートルという、とても高《たか》い場所《ばしょ》で暮《く》らしています。

体《からだ》には分厚《ぶあつ》い毛《け》が生《は》えていて、実際《じっさい》の体《からだ》よりずっと大《おお》きく見《み》えます。冬《ふゆ》になると、おなかの毛《け》は10センチ以上《いじょう》も伸《の》びちゃうんだって。**もふもふの長《なが》いしっぽをマフラーがわりにして温《あたた》かく過《す》ごします。**

足《あし》の裏《うら》にも毛《け》が生《は》えているから、雪《ゆき》の上《うえ》でも滑《すべ》らず歩《ある》けるし、足《あし》が埋《う》まりにくいので、急《きゅう》な斜面《しゃめん》もスイスイかけ降《お》りることができます。とても広《ひろ》い範囲《はんい》を動《うご》き回《まわ》って、一晩《ひとばん》で10キロメートルもの距離《きょり》を歩《ある》くこともあるのだとか。

グリーンやグレーの美《うつく》しい目《め》を持《も》ち、体《からだ》の色《いろ》も、雪《ゆき》に溶《と》け込《こ》むような白《しろ》っぽい色《いろ》をしています。

吠《ほ》えることはできないけれど、家《いえ》ねこのように「にゃー」と鳴《な》くことはできます。

プロフィール

名前《なまえ》	ユキヒョウ
分類《ぶんるい》	ヒョウ系統《けいとう》
生息地《せいそくち》	アジアの山岳地帯《さんがくちたい》
大《おお》きさ	100 ～ 140 センチ
性格《せいかく》	おっとりしていて人懐《ひとなつ》っこい

チャームポイント

ふわもこ冬《ふゆ》コートにグリーンの目《め》！

ウンピョウは犬歯《けんし》がこわいくらい長《なが》い

体《からだ》にふわふわとした雲《くも》みたいなかわいい模《も》様《よう》があるウンピョウ。この模《も》様《よう》が入《はい》るのは大人《おとな》になってから。生《う》まれたての赤《あか》ちゃんは真《ま》っ黒《くろ》な毛並《けな》みをしていて、半年《はんとし》くらいかけてゆっくりと雲模様《くももよう》に変《か》わっていくのです。

最大《さいだい》の特徴《とくちょう》は、とっても長《なが》い犬歯《けんし》！なんと4センチもあって、体《からだ》の大《おお》きさから見《み》ると、ネコの仲間《なかま》の中《なか》で一番長《いちばんなが》いのです。大《おお》きなライオンよりもパックリ大《おお》きく口《くち》を開《あ》けることができて迫力満点《はくりょくまんてん》！

木登《きのぼ》り上手《じょうず》なところも自《じ》慢《まん》のひとつ。後《うし》ろ足《あし》だけでぶら下《さ》がることができて、頭《あたま》から木《き》を下《お》りることもお手《て》のもの。木《き》の上《うえ》で狩《か》りをすることも得意《とくい》で、サルなどを捕《つか》まえることもあります。**「木《き》の上《うえ》のトラ」というニックネームもあるくらいの木登《きのぼ》り名人《めいじん》**なのです。

ウンピョウの長《なが》いしっぽは、体《からだ》とほぼ同《おな》じ長《なが》さ。木《き》の上《うえ》でバランスをとるときに、このしっぽがとっても役立《やくだ》つのです。

プロフィール

名前《なまえ》	ウンピョウ
分類《ぶんるい》	ヒョウ系統《けいとう》
生息地《せいそくち》	南《みなみ》～東南《とうなん》アジア
大《おお》きさ	60 ～ 110 センチ
性格《せいかく》	意外《いがい》と小心者《しょうしんもの》

チャームポイント

ふわふわ雲模様《くももよう》と長《なが》～い犬歯《けんし》！

ジャガーは 噛《か》む力《ちから》が 超《ちょう》強《つよ》い

南《なん》

北《ほく》アメリカ大陸《たいりく》で一《いち》番大《ばんおお》きなネコ科動物《かどうぶつ》のジャガー。体《からだ》にはヒョウに似《に》た模様《もよう》があるけど、体《たい》型《けい》はヒョウとくらべるとずんぐりしています。

力持《ちからも》ちのジャガーは、**噛《か》む力《ちから》がすごく強《つよ》い！　なんと獲物《えもの》の頭《あたま》の骨《ほね》を噛《か》み砕《くだ》く**ことだってでき、ほかのネコ科動物《かどうぶつ》にはなかなかマネできません。

水遊《みずあそ》びも大得意《だいとくい》。2キロも川幅《かわはば》があるアマゾン川《がわ》だって、スイスイ泳《およ》いで渡《わた》れちゃいます。魚《さかな》やカメ、ときには小《ちい》さなワニまで狩《か》って食《た》べることもあるのです。

ジャガーは太《ふと》くて大《おお》きな足先《あしさき》を持《も》っています。この特別《とくべつ》な足《あし》のおかげで、泥《どろ》んこ地面《じめん》の上《うえ》でも歩《ある》きやすいし、泳《およ》ぐときには上手《じょうず》に水《みず》をかくことができるのです。

ライオンやトラ、ヒョウと違《ちが》って、ジャガーが人《ひと》をおそったケースはとても少《すく》ないものの、気難《きむずか》しい性格《せいかく》で、人《ひと》には懐《なつ》きにくいんですって。

プロフィール

名前《なまえ》	ジャガー
分類《ぶんるい》	ヒョウ系統《けいとう》
生息地《せいそくち》	アメリカ南部《なんぶ》〜アルゼンチン北部《ほくぶ》
大《おお》きさ	110 〜 190 センチ
性格《せいかく》	マイペースで繊細《せんさい》

チャームポイント

何《なん》でも噛《か》み砕《くだ》く
最強《さいきょう》のあご！

カラカルは とにかく 耳毛《みみげ》がすごい

長《なが》い毛《け》の生《は》えた耳《みみ》が特《とく》徴的《ちょうてき》なカラカル。**ピンっととがった形《かたち》も魅力的《みりょくてき》なブラシのような耳《みみ》は、左《さ》右別々《ゆうべつべつ》に動《うご》かすことができ、まわりの音《おと》をしっかりと聞《き》き取《と》ることができる**のです。

体《からだ》は砂色《すないろ》や茶色《ちゃいろ》をしていて、乾燥《かんそう》した土地《とち》に溶《と》け込《こ》んでカモフラージュ。足《あし》もとっても速《はや》くて、すばしっこく動《うご》き回《まわ》ります。

さらにすごいのはジャンプ力《りょく》！　後《うし》ろ足《あし》がとても発《はっ》達《たつ》していて、なんと4メートル以上《いじょう》もの高《たか》さまでジャンプできちゃうのです。**空《そら》を飛《と》ぶ鳥《とり》だって、ジャンプして捕《つか》まえることができます**。さらに、自分《じぶん》の体重《たいじゅう》の4倍《ばい》もある大《おお》きな動物《どうぶつ》を捕《つか》まえることだってできちゃう力持《ちからも》ち！

見《み》た目《め》はするどい目《め》つきでこわそうに見《み》えるけど、じつは人《ひと》になれやすい性《せい》格《かく》。昔《むかし》から人間《にんげん》と一緒《いっしょ》に狩《か》りをする仲間《なかま》として活躍《かつやく》してきました。ウサギや鳥《とり》を捕《つか》まえるお手伝《てつだ》いをしていたそうですよ。

プロフィール

名前《なまえ》	カラカル
分類《ぶんるい》	カラカル系統《けいとう》
生息地《せいそくち》	アフリカ大陸《たいりく》・中東《ちゅうとう》アジア・インド
大《おお》きさ	60 ～ 105 センチ
性格《せいかく》	見《み》た目《め》のわりに甘《あま》えんぼう

チャームポイント

ブラシみたいなかわいい耳毛《みみげ》！

ネコの仲間《なかま》で一番《いちばん》大《おお》きなトラ。体長《たいちょう》は2メートル以上《いじょう》にもなり、オスは300キロを超《こ》えることもあるのです。体《からだ》にはきれいな黒《くろ》いしま模様《もよう》があって、この模様《もよう》は1頭《とう》1頭《とう》みんな違《ちが》います。

　がっしりした体《からだ》に力強《ちからづよ》い前足《まえあし》を持《も》っていて、**前足《まえあし》のパンチは水牛《すいぎゅう》の首《くび》の骨《ほね》を折《お》れるほど強《つよ》い**といわれています！

　大《おお》きな体《からだ》のせいもあって、長《なが》い距離《きょり》を走《はし》るのは苦手《にがて》。でもやわらかい肉球《にくきゅう》のおかげで、とっても静《しず》かに歩《ある》けるから、獲物《えもの》に気《き》づかれないようにそーっと近《ちか》づきます。20メートルくらいの距離《きょり》まできたら、一気《いっき》にジャンプしながらおそいかかるのです。

　こんなに大《おお》きくて力強《ちからづよ》くて、無敵《むてき》にも

トラは 大《おお》きくて強《つよ》いけど、野生《やせい》のイヌの群《む》れを嫌《いや》がる

プロフィール

名前《なまえ》	トラ
分類《ぶんるい》	ヒョウ系統《けいとう》
生息地《せいそくち》	南《みなみ》〜東南《とうなん》アジア・ロシア極東部《きょくとうぶ》など
大《おお》きさ	200〜300センチ
性格《せいかく》	気《き》が強《つよ》くて単独行動《たんどくこうどう》が好《す》き

チャームポイント

世界《せかい》でたったひとつのしま模様《もよう》！

見《み》えるトラですが、意外《いがい》なことに苦手《にがて》な動物《どうぶつ》もいます。それは野生《やせい》のイヌ（ドール）の群《む》れ。**たくさんのドールに囲《かこ》まれると、退散《たいさん》するしかなくなってしまうこともあるの**です。

剃《そ》ってもトラ柄《がら》、ハゲてもトラ柄《がら》

トラ主任《しゅにん》、似合《にあ》う〜
ツーブロックにした
あっ、トラ部長《ぶちょう》も髪《かみ》切《き》ったんですね
!?
い、いや

茶色《ちゃいろ》いボディに黒《くろ》いしましまがかっこいいトラ。大《おお》きな体《からだ》と、迫力《はくりょく》のあるその模様《もよう》から、その強《つよ》さが伝《つた》わってきます。

なんとこの模様《もよう》、毛《け》を剃《そ》っても同《おな》じなのです！**皮ふの下《した》にある、毛《け》をつつんでいる組織《そしき》が透《す》けて見《み》える**ので、毛《け》がなくてもトラ柄《がら》なんですよ。

人間《にんげん》でいうと青《あお》ヒゲ的《てき》な？

ねここらむ 2

ほぼねこ界《かい》の名《めい》ハンターたち

エントリー No.1

驚異《きょうい》のジャンプ力《りょく》 カラカル

エントリー No.2

地獄耳《じごくみみ》の サーバル

エントリー No.3

千里眼《せんりがん》の マーゲイ

野生《やせい》で光《ひか》る身体能力《しんたいのうりょく》

特別《とくべつ》な能力《のうりょく》や持《も》ち味《あじ》をいかして、きびしい野生《やせい》の世界《せかい》をたくましく生《い》き抜《ぬ》く3種《しゅ》の名《めい》ハンターたちをご紹介《しょうかい》します。

まずはカラカル。**4メートル以上《いじょう》も跳《と》べるジャンプ力《りょく》**をいかして、空《そら》を飛《と》ぶ獲物《えもの》をしとめます。大《おお》きな耳《みみ》が特徴《とくちょう》のサーバルは、**土《つち》の中《なか》にいる獲物《えもの》の動《うご》き**までキャッチ！ 視力《しりょく》のよいマーゲイは、**遠《とお》くの獲物《えもの》の動《うご》きを見《み》のがしません**。

サーバルは足《あし》めっちゃ長《なが》い（顔《かお》もめっちゃ小《ちい》さい）

モデルさんみたいな小《ちい》さな顔《かお》と長《なが》い足《あし》を持《も》つサーバル。**長《なが》い足《あし》は走《はし》るためではなく、より遠《とお》くの音《おと》を聞《き》くため**で、耳《みみ》が大《おお》きいのも音《おと》をしっかりキャッチするために大切《たいせつ》な特徴《とくちょう》。

大《おお》きな耳《みみ》は、土《つち》の中《なか》にいるネズミの動《うご》きまで聞《き》き取《と》れるほど敏感《びんかん》！ その音《おと》を頼《たよ》りに、するどいツメで地面《じめん》を掘《ほ》って、ネズミや小鳥《ことり》を捕《つか》まえることができるのです。

獲物《えもの》を見《み》つけると、サーバルは独特《どくとく》な方法《ほうほう》で狩《か》りを行《おこな》います。２メートル以上《いじょう》もの高《たか》さまで跳《と》べるジャンプ力《りょく》をいかして**空高《そらたか》く飛《と》び上《あ》がり、きれいな半円《はんえん》を描《えが》くように獲物《えもの》めがけて飛《と》びかかる**のです。

地面《じめん》を掘《ほ》ったり高《たか》く飛《と》び上《あ》がったりする姿《すがた》は、まるでイヌのようですね。

狩《か》りのうまさは、ネコ科《か》の動物《どうぶつ》の中《なか》でもトップクラス。獲物《えもの》を見《み》つけると、美《うつく》しい見《み》た目《め》とはうらはらに狩《か》りの名手《めいしゅ》へと様変《さまが》わりします。

プロフィール

名前《なまえ》	サーバル
分類《ぶんるい》	カラカル系統《けいとう》
生息地《せいそくち》	アフリカ
大《おお》きさ	65～100センチ
性格《せいかく》	気性《きしょう》が荒《あら》くて人見知《ひとみし》り

チャームポイント

すらりと長《なが》い足《あし》、小《ちい》さな顔《かお》！

ジャングルキャットは

ジャングルに
いない
（家《いえ》どこでも
いい）

名《な》前《まえ》に「ジャングル」と入《はい》っているけれど、じつはジャングルにはほとんどすんでいないジャングルキャット。

沼《ぬま》や湖《みずうみ》のまわりの背《せ》の高《たか》い草《くさ》むらや、乾《かわ》いた森《もり》など、いろんなところで暮《く》らしているんですよ。

体《からだ》は家《いえ》ねこより大《おお》きめで、足《あし》が長《なが》いのが特徴《とくちょう》。この長《なが》い足《あし》のおかげで、水辺《みずべ》の草《くさ》むらでも上手《じょうず》に歩《ある》き回《まわ》れるのです。

三角形《さんかくけい》の大《おお》きな耳《みみ》の先《さき》には、小《ちい》さな黒《くろ》い毛《け》が生《は》えています。

昼《ひる》も夜《よる》も元気《げんき》に活動《かつどう》していて、ネズミや小鳥《ことり》、カエルや魚《さかな》まで何《なん》でも食《た》べます。高《たか》くジャンプして空飛《そらと》ぶ鳥《とり》を捕《つか》まえたり、草《くさ》むらから飛《と》び出《だ》して獲物《えもの》を驚《おどろ》かせたりと、狩《か》りがとっても上手《じょうず》！

エジプトの古《ふる》いピラミッドから、ジャングルキャットのミイラが見《み》つかったこともあるほど、昔《むかし》から人間《にんげん》の近《ちか》くで暮《く》らしてきた、長《なが》い歴史《れきし》を持《も》つ野生《やせい》ネコなのです。

プロフィール

名前《なまえ》	ジャングルキャット
分類《ぶんるい》	イエネコ系統《けいとう》
生息地《せいそくち》	アフリカ北東部《ほくとうぶ》・東南《とうなん》アジアほか
大《おお》きさ	50 ～ 75 センチ
性格《せいかく》	すむ場所《ばしょ》を選《えら》ばない自由人《じゆうじん》

チャームポイント

三角《さんかく》の耳《みみ》と、耳先《みみさき》の黒《くろ》い毛《け》！

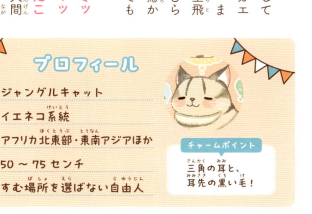

ほぼねこ 15

アジアゴールデンキャットは夫婦《ふうふ》で獲物《えもの》をおそう

アジアゴールデンキャットの体《からだ》の色《いろ》は、金色《きんいろ》や茶色《ちゃいろ》、赤《あか》っぽい色《いろ》、灰《はい》色《いろ》、黒《くろ》など、とってもバラエティゆたか。模様《もよう》のあるネコもいれば、無地《むじ》のネコもいます。

なかには、歌舞伎役者《かぶきやくしゃ》さんのお化粧《けしょう》のように、はっきりとした模様《もよう》があるネコもいます。この模様《もよう》があまりにも迫力《はくりょく》があるので、自然界《しぜんかい》の中《なか》でも注目《ちゅうもく》される存《そん》在《ざい》なのだそうです。

ふだんは1匹《ぴき》で行動《こうどう》することが多《おお》いアジアゴールデンキャットですが、獲物《えもの》をねらうときには夫婦《ふうふ》で協力《きょうりょく》することもあります。 2匹《ひき》で力《ちから》を合《あ》わせて、小《ちい》さなシカやウサギ、鳥《とり》などを捕《つか》まえるのです。

活動《かつどう》するのは夜《よる》だけだと考《かんが》えられてい

ましたが、最近《さいきん》の研究《けんきゅう》で、昼《ひる》も夜《よる》も自由《じゆう》な時間《じかん》に活動《かつどう》することがわかってきました。すみかについては、高《たか》い山《やま》の上《うえ》から、低《ひく》い平地《へいち》まで、いろんな場所《ばしょ》で暮《く》らしているようです。

プロフィール

名前《なまえ》	アジアゴールデンキャット
分類《ぶんるい》	ボルネオヤマネコ系統《けいとう》
生息地《せいそくち》	中国南部《ちゅうごくなんぶ》～東南《とうなん》アジア
大《おお》きさ	65～105センチ
性格《せいかく》	1匹行動《ぴきこうどう》が好《す》き

チャームポイント

金色《きんいろ》から黒《くろ》までさまざまな毛色《けいろ》！

イリオモテヤマネコは

絶滅危惧種《ぜつめつきぐしゅ》！
みんなで
守《まも》ろうね

沖《おき》縄県《なわけん》の西表島《いりおもてじま》だけにすむ、とてもめずらしいイリオモテヤマネコ。約《やく》9万《まん》年前《ねんまえ》に台湾《たいわん》のタイワンヤマネコから分《わ》かれて、この島《しま》で暮《く》らすようになりました。

黒《くろ》っぽい体《からだ》に暗《くら》い色《いろ》の模《も》様《よう》があり、耳《みみ》が丸《まる》く、くっきりとした目鼻立《めはなだ》ちをしています。

イリオモテヤマネコは、好《す》き嫌《きら》いせず何《なん》でも食《た》べちゃう！ トカゲやヘビ、コウモリ、鳥《とり》はもちろん、水《みず》の中《なか》に潜《もぐ》って魚《さかな》を捕《つか》まえたり、カニまで食《た》べたりします。何《なん》でも食《た》べられるこの特技《とくぎ》のおかげで、ネズミなどの天然《てんねん》のげっし類《るい》がいなかった西表島《いりおもてじま》でも長《なが》い間《あいだ》たくましく生《い》き続《つづ》けることができたのです。

でも今《いま》、イリオモテヤマネコは100匹《ぴき》ほどしかいません。人間《にんげん》が増《ふ》えてすむ場《ば》所《しょ》が減《へ》ったり、車《くるま》にぶつかったりして、数《かず》が減《へ》ってきているのです。

そのため道路《どうろ》に標識《ひょうしき》を立《た》てたり、ネコたちが安心《あんしん》して暮《く》らせる環境《かんきょう》をつくったりと、みんなで守《まも》る取《と》り組《く》みが続《つづ》けられています。

プロフィール

名前《なまえ》	イリオモテヤマネコ
分類《ぶんるい》	ベンガルヤマネコ系統《けいとう》
生息地《せいそくち》	沖縄県西表島《おきなわけんいりおもてじま》
大《おお》きさ	50～60センチ
性格《せいかく》	何《なん》でも食《た》べるグルメ王《おう》

チャームポイント

黒《くろ》っぽい毛色《けいろ》に丸《まる》い耳《みみ》！

ライオンは「百獣《ひゃくじゅう》の王《おう》」なのに体力《たいりょく》がなくて、一日《いちにち》4時間《じかん》くらいしか動《うご》かない

百《ひゃく》獣《じゅう》の王《おう》と呼《よ》ばれる強《つよ》いライオン。でも、じつは意外《いがい》とのんびりやさんなのです。**なんと一日《いちにち》のうち20時間《じかん》も休《やす》んでいて、活動《かつどう》するのはたった4時間《じかん》くらい。**昼間《ひるま》は木陰《こかげ》でゆっくり過《す》ごしているのですが、これはただ休《やす》んでいるだけでなく、「群《む》れを守《まも》る」というオスの仕事《しごと》でもあるのです。

ライオンは家族思《かぞくおも》いで、「プライド」という群《む》れをつくって暮《く》らします。お母《かあ》さんライオンたちは、とても賢《かしこ》くて協力上手《きょうりょくじょうず》。みんなで狩《か》りをしたり、赤《あか》ちゃんの面倒《めんどう》を見《み》たりするのです。

どの赤《あか》ちゃんも平等《びょうどう》に育《そだ》てて、母乳《ぼにゅう》も分《わ》け合《あ》って与《あた》えます。獲物《えもの》を探《さが》すときは、**みんなで協力《きょうりょく》して上手《じょうず》に狩《か》りをするなど、チームワークはいつもばっちり!**

ライオンの赤《あか》ちゃんの体《からだ》には、生《う》まれたときには模様《もよう》があるけど、大《おお》きくなるにつれて消《き》えていきます。

オスのライオンは、大人《おとな》になってから、あの立派《りっぱ》でかっこいいたてがみが生《は》えてくるのです。

プロフィール

名前《なまえ》	ライオン
分類《ぶんるい》	ヒョウ系統《けいとう》
生息地《せいそくち》	アフリカ・インド北西部《ほくせいぶ》
大《おお》きさ	150 ~ 250 センチ
性格《せいかく》	強《つよ》くて、家族思《かぞくおも》い

チャームポイント

オスのかっこいい立派《りっぱ》なたてがみ!

モテるヒケツはたてがみの色《いろ》の濃《こ》さ!?

ライオンの大《おお》きな特徴《とくちょう》といえば、オスが持《も》つ大《おお》きなたてがみ。**一説《いっせつ》によると、このたてがみは、メスの心《こころ》をひきつけるために大切《たいせつ》な役割《やくわり》を果《は》たしている**といわれています。たてがみが大《おお》きくて、色《いろ》が濃《こ》いほうが「強《つよ》いオス」だとアピールできてメスたちにモテるという研究結果《けんきゅうけっか》があるのです。

ねここらむ 3

ライオン流《りゅう》子育《こそだ》て術《じゅつ》

パパが大活躍《だいかつやく》！

ライオンは、ネコ科《か》の中《なか》ではめずらしく、オスが子《こ》育《そだ》てに進《すす》んで参加《さんか》します。**狩《か》りはおもにメスライオンの仕事《しごと》で、オスは群《む》れの仲《なか》間《ま》を守《まも》るというミッションを背負《せお》っている**のです。

見《み》た目《め》のイメージとは違《ちが》い、「子《こ》どもたちを心配《しんぱい》そうにお世話《せわ》するオスライオン」と「それを温《あたた》かく見守《みまも》るメスライオン」という光《こう》景《けい》が野生《やせい》の中《なか》には見《み》られるんですよ。

ジャガランディは
カワウソに見間違《みまちが》えられちゃう

中《ちゅう》

南米《なんべい》にすむジャガランディは、とても変《か》わった姿《すがた》のネコ科動物《かどうぶつ》。頭《あたま》が小《ちい》さくて平《ひら》たい顔《かお》、長《なが》い首《くび》に短《みじか》い足《あし》を持《も》っていて、カワウソにそっくり！**「カワウソネコ」と呼《よ》ばれることもあるほど、一瞬見分《いっしゅんみわ》けがつきません。**

体《からだ》の色《いろ》は赤《あか》っぽい色《いろ》と黒《くろ》っぽい色《いろ》の2種類《しゅるい》あります。体《からだ》には特徴的《とくちょうてき》な模様《もよう》はありませんが、それこそが特徴《とくちょう》。小型《こがた》の野生《やせい》ネコの中《なか》で、ジャガランディだけが無地《むじ》なのです。また、黒《くろ》い体《からだ》のジャガランディは、顔《かお》のまわりだけ少《すこ》し薄《うす》い色《いろ》になるという特徴《とくちょう》も。

泳《およ》ぎも木登《きのぼ》りも得意《とくい》で、2メートルもの高《たか》さまでジャンプできます。ネズミや鳥《とり》、ウサギを捕《つか》まえて食《た》べるほか、**なんと果物《くだもの》も食《た》べます。これはネコ科《か》の動物《どうぶつ》としては、めずらしいこと**なんですよ。

また、おしゃべり上手《じょうず》としての一面《いちめん》もあるジャガランディは、13種類以上《しゅるいいじょう》の鳴《な》き声《ごえ》を使《つか》い分《わ》けます。ゴロゴロ、ヒューヒュー、チュンチュンなど、まるで小鳥《ことり》のような声《こえ》で鳴《な》くこともできるのです。

プロフィール

名前《なまえ》	ジャガランディ
分類《ぶんるい》	ピューマ系統《けいとう》
生息地《せいそくち》	中央《ちゅうおう》アメリカ・南《みなみ》アメリカ
大《おお》きさ	50～80センチ
性格《せいかく》	おしゃべり大好《だいす》き

チャームポイント

カワウソみたいな平《ひら》たい顔《かお》と細長《ほそなが》ボディ！

こっちに仲間がいるぞー!
ウキー…

マーゲイは

木《き》の上《うえ》からサルの赤《あか》ちゃんの
鳴《な》きマネをして獲物《えもの》のサルを
おびき寄《よ》せる。しかし、
そこにいるのはマーゲイ

マーゲイは、とても賢《かしこ》いハンター。**サルの赤《あか》ちゃんの鳴《な》き声《ごえ》をマネして、獲物《えもの》のサルをおびき寄《よ》せようとする**のです。マネはあまり上手《じょうず》じゃないけど、サルの注目《ちゅうもく》を集《あつ》めることができますよ。

　マーゲイの一番《いちばん》の得意技《とくいわざ》は木登《きのぼ》り。ネコ科《か》の動物《どうぶつ》の中《なか》で、断《だん》トツの木登《きのぼ》り名人《めいじん》なのです。後《うし》ろ足《あし》が内側《うちがわ》に180度《ど》も回転《かいてん》するという特殊《とくしゅ》な体《からだ》のつくりのおかげで、**リスのように頭《あたま》から木《き》を下《お》りることもできちゃいます**。まさにサルのように、木《き》の枝《えだ》に片足《かたあし》でぶら下《さ》がることだってお手《て》のもの！　一日《いちにち》のほとんどの時間《じかん》を木《き》の上《うえ》で過《す》ごすんですよ。

　体《からだ》の色《いろ》は茶色《ちゃいろ》で、黒《くろ》や濃《こ》い茶色《ちゃいろ》の模様《もよう》があります。ふさふさした長《なが》いしっぽもとても特徴的《とくちょうてき》。

　一度《いちど》の出産《しゅっさん》で生《う》まれる赤《あか》ちゃんはだいたい1匹《ぴき》だけなので、なかなか数《かず》が増《ふ》えません。そのうえ、今《いま》では森《もり》が減《へ》ってきているので、マーゲイの数《かず》はますます少《すく》なくなってきているのです。

プロフィール

名前《なまえ》	マーゲイ
分類《ぶんるい》	オセロット系統《けいとう》
生息地《せいそくち》	メキシコ～南《みなみ》アメリカ
大《おお》きさ	45～80センチ
性格《せいかく》	とても賢《かしこ》い木登《きのぼ》り名人《めいじん》

チャームポイント

ふさふさした長《なが》いしっぽ！

ほぼねこクイズ

体《からだ》の大《おお》きさや模様《もよう》、姿《すがた》など、野生《やせい》を生《い》き抜《ぬ》くためにほぼねこたちが持《も》つユニークな特徴《とくちょう》をおさらいしてみましょう！

1

この耳《みみ》は
だれの耳《みみ》？
耳毛

2

あっカワウソだ!!
カワウソみたいな
見《み》た目《め》のほぼねこは？

こたえ Q1：カラカル Q2：ジャガランディ

3

女子《じょし》の前《まえ》だと
イケボになる
ほぼねこは？

4

雪《ゆき》の中《なか》でも
温《あたた》かい！

もふもふしっぽ
マフラーが特徴《とくちょう》の
ほぼねこは？

5

わずか2秒《びょう》で車《くるま》の
速《はや》さにまで加速《かそく》！

「地球上《ちきゅうじょう》で一番《いちばん》速《はや》い
動物《どうぶつ》」といわれる
ほぼねこは？

こたえ　Q3：スナネコ　Q4：ユキヒョウ　Q5：チーター

1

体《からだ》が大《おお》きい順《じゅん》に並《なら》べてみよう

A

ジャガー

B

トラ

C

ウンピョウ

2

ヒョウはどれ？

A
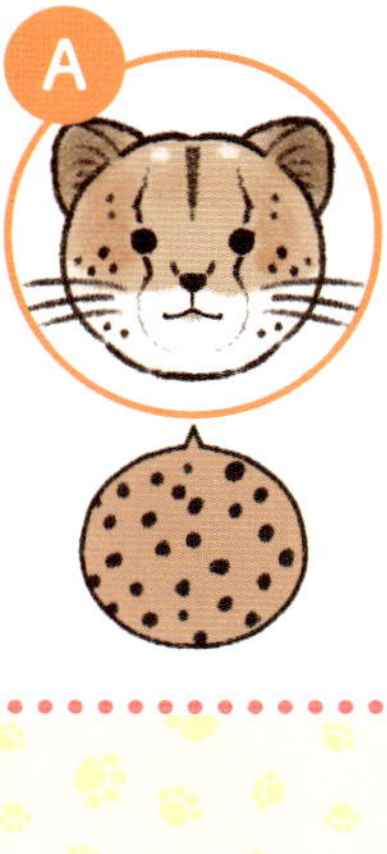

B
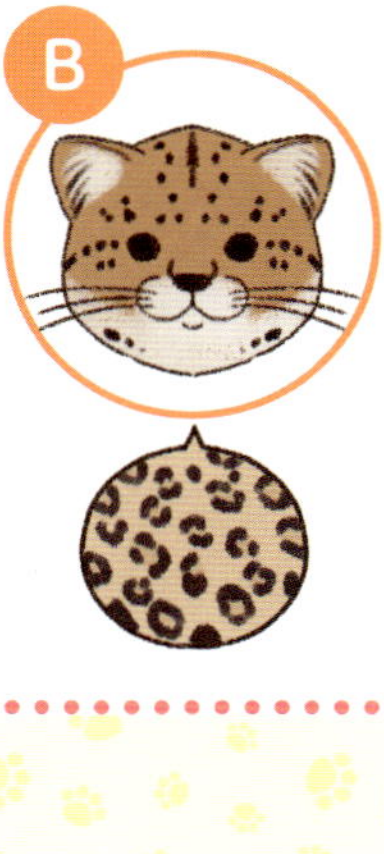

C

こたえ　Q1：B→A→C　Q2：B

3

スナネコとマーゲイ、木登《きのぼ》りが上手《じょうず》なのはどっち？

スナネコ

or

マーゲイ

スナネコは砂漠《さばく》にすむほぼねこだね

4

名前《なまえ》が長《なが》い順《じゅん》に並《なら》べてみよう

A

B

C

こたえ　Q3：マーゲイ　Q4：B（イリオモテヤマネコ）→A（ライオン）→C（トラ）

2章《しょう》

ペットで飼《か》える
家《いえ》ねこ

似《に》ているところが多《おお》いようで、
よく見《み》ると違《ちが》った特徴《とくちょう》を
持《も》つ家《いえ》ねこたち。
かわいい彼《かれ》らの本当《ほんとう》の姿《すがた》を
さぐってみましょう！

ジャパニーズボブテイルは
リアル招《まね》き猫《ねこ》

ジャパニーズボブテイルは、丸《まる》まったしっぽにりんとした耳《みみ》、大《おお》きめのくりくりとした目《め》がかわいらしいイエネコです。古《ふる》く平安時代《へいあんじだい》から日本《にほん》で見《み》られ、**幸《しあわ》せを引《ひ》き寄《よ》せる招《まね》き猫《ねこ》のモデルにもなったといわれています。**

やさしい性格《せいかく》で、ほかの動物《どうぶつ》とケンカすることはほとんどありません。元気《げんき》いっぱいで遊《あそ》ぶのが大好《だいす》き。頭《あたま》もよく、家族《かぞく》を大切《たいせつ》にします。さらりとした毛《け》並《な》みはカラフルで、1色《しょく》だけの子《こ》もいれば3色《しょく》の三毛《みけ》の子《こ》も。**丈夫《じょうぶ》で病気《びょうき》に強《つよ》く、ネズミを退治《たいじ》してくれるので、昔《むかし》から人間《にんげん》の家族《かぞく》の一員《いちいん》として大人気《だいにんき》！**　日本《にほん》の昔話《むかしばなし》にもたくさん出《で》てくるんですよ。

1960年《ねん》代《だい》後半《こうはん》にはアメリカでも人気《にんき》が出《で》はじめました。短《みじか》く丸《まる》いしっぽは、同《おな》じ形《かたち》はふたつとしてありません。1976年《ねん》にアメリカでネコの仲間《なかま》として認《みと》められ、今《いま》も世界中《せかいじゅう》で大人気《だいにんき》です。

プロフィール

名前《なまえ》	ジャパニーズボブテイル
体型《たいけい》	フォーリン
ルーツ	日本《にほん》
大《おお》きさ	2.5 ～ 4.0 キロ
性格《せいかく》	活発《かっぱつ》で遊《あそ》び好《ず》き

チャームポイント

まん丸《まる》の短《みじか》いしっぽ！

シャムは ネコ界一《かいいち》コミュ力《りょく》が高《たか》い

シャムはおしゃべりで、遊《あそ》んでくれる人《ひと》が大好《だいす》きな甘《あま》えんぼう。飼《か》い主《ぬし》のひざの上《うえ》で過《す》ごす時《じ》間《かん》が大《だい》のお気《き》に入《い》りです。

昔《むかし》から人間《にんげん》と一緒《いっしょ》に暮《く》らし、出身国《しゅっしんこく》のタイでは王様《おうさま》やお寺《てら》で飼《か》われる大切《たいせつ》なネコとして育《そだ》てられました。昔話《むかしばなし》にもよく登場《とうじょう》し、王様《おうさま》が亡《な》くなるとシャムの体《からだ》に王様《おうさま》のたましいが入《はい》り、あの世《よ》に向《む》かうとされていたそうです。

すらりとした体《からだ》に大《おお》きな耳《みみ》、形《かたち》のよい頭《あたま》と足先《あしさき》、長《なが》いしっぽに入《はい》る模様《もよう》などチャームポイントがいっぱい！

タイ以外《いがい》の国《くに》に知《し》られるようになったのは、イギリスで世界初《せかいはつ》のキャット・ショー（ネコの美《うつく》しさコンテスト）が開《ひら》かれた1871年《ねん》でした。その後《ご》アメリカに渡《わた》ると、アメリカの大《だい》統領夫人《とうりょうふじん》が飼《か》いはじめたこともあって人気《にんき》が高《たか》まりました。ビー玉《だま》のように澄《す》んだ青《あお》い目《め》を持《も》つシャムには、思《おも》わずさわりたくなる魅力《みりょく》がいっぱいなのです。

プロフィール

名前《なまえ》	シャム
体型《たいけい》	オリエンタル
ルーツ	タイ
大《おお》きさ	2.5 ～ 5.5 キロ
性格《せいかく》	頭《あたま》がよくて甘《あま》えんぼう

チャームポイント

青《あお》い目《め》と
上品《じょうひん》なしぐさ

アメリカンショートヘアは
額《ひたい》がM《えむ》字《じ》

ア

アメリカンショートヘアは、丸《まる》い顔《かお》にいろんなカラーのうずまき模様《もよう》が目印《めじるし》。よく見《み》るとおでこの模様《もよう》がM《えむ》の形《かたち》になっているんです！

人間《にんげん》の子《こ》どもたちやほかの動物《どうぶつ》とも仲良《なかよ》くなれるくらいおだやかでやさしい性格《せいかく》です。

1620年《ねん》にイギリスからアメリカに渡《わた》ったアメリカンショートヘア。大切《たいせつ》な畑《はたけ》を荒《あ》らすネズミを退治《たいじ》することで、人間《にんげん》と仲良《なかよ》く暮《く》らしてきたそうです。

そのころの性格《せいかく》が今《いま》も残《のこ》っているのでしょう。**鬼《おに》ごっこが大好《だいす》きで元気《げんき》いっぱいに走《はし》り回《まわ》る姿《すがた》がとってもキュート！**

日本《にほん》ではうずまき模様《もよう》の子《こ》が人気《にんき》ですが、体《からだ》の色《いろ》はさまざまで、70種類《しゅるい》以上《いじょう》もあるといわれています。

「アメリカンショートヘア」の名前《なまえ》でネコの仲間《なかま》として認《みと》められたのは1965年《ねん》。家族《かぞく》の一員《いちいん》として過《す》ごしてきた昔《むかし》から、アメリカンショートヘアの人気《にんき》は今《いま》も変《か》わりません。

プロフィール

名前《なまえ》	アメリカンショートヘア
体型《たいけい》	セミコビー
ルーツ	アメリカ
大《おお》きさ	3.0 ～ 7.0 キロ
性格《せいかく》	おっとりしてやさしい

チャームポイント

短《みじか》い毛《け》のうずまき模様《もよう》

昔《むかし》はネズミの駆除役《くじょやく》だった働《はたら》き者《もの》

1620年《ねん》、イギリスからアメリカへ行《い》くメイフラワー号《ごう》という船《ふね》に、人間《にんげん》と一緒《いっしょ》に乗《の》っていたアメリカンショートヘア。**2カ月《げつ》にもおよぶ船《ふね》の上《うえ》の生活《せいかつ》では、ネズミハンターとして大活躍《だいかつやく》！**　アメリカに着《つ》いた後《あと》も、人間《にんげん》が育《そだ》てた野菜《やさい》などを守《まも》るために働《はたら》いていたそうです。

ねここらむ 4

ネコの体型《たいけい》は6タイプある

オリエンタル

フォーリン

セミフォーリン

コビー

セミコビー

ロング&サブスタンシャル

かわいさいろいろ

イエネコの体型《たいけい》は6つの種類《しゅるい》に分《わ》けられています。一番《いちばん》スリムな「オリエンタル」、スリムだけど筋肉《きんにく》質《しつ》な「フォーリン」、フォーリンの次《つぎ》にスリムな「セミフォーリン」、がっしりとした骨格《こっかく》を持《も》つ「コビー」、コビーよりもややがっしりした「セミコビー」、そして一《いち》番大《ばんおお》きくがっしりとした体《たい》型《けい》が「ロング&サブスタンシャル」です。それぞれのかわいさがありますね！

ベンガルは超《ちょう》ワイルドな見《み》た目《め》だけど、めっちゃ甘《あま》えんぼう

ベンガルはヒョウのようなかっこいい模様《もよう》がポイント。その色合《いろあ》いは銀色《ぎんいろ》やオレンジ、金色《きんいろ》とあざやか。

丸《まる》い輪《わ》の中《なか》に薄《うす》い色《いろ》が入《はい》ったロゼット柄《がら》は、イエネコ系統《けいとう》の中《なか》ではベンガルだけが持《も》つ模様《もよう》です。

この魅力的《みりょくてき》な見《み》た目《め》は、アジア出身《しゅっしん》のベンガルヤマネコ系統《けいとう》とイエネコ系統《けいとう》のいいところを引《ひ》き継《つ》いでいます。

サバンナが似合《にあ》いそうなワイルドな姿《すがた》ですが、その性格《せいかく》は意外《いがい》にも人懐《ひとなつ》っこくて甘《あま》えんぼう。

人《ひと》と遊《あそ》ぶのが大好《だいす》きでおしゃべりな子《こ》が多《おお》く、人間《にんげん》の子《こ》どもたちとも仲良《なかよ》く過《す》ごすことができます。

おだやかな性格《せいかく》ですがヤンチャなところもあり、ネコなのに水遊《みずあそ》びが大好《だいす》き！

飼《か》い主《ぬし》さんのシャワーやプールについていっちゃうこともあります。見《み》た目《め》にふさわしい冒険心《ぼうけんしん》と元《げん》気《き》いっぱいな様子《ようす》から、見《み》ているこちらまでパワーをいっぱいもらえそうです！

プロフィール

名前《なまえ》	ベンガル
体型《たいけい》	ロング＆サブスタンシャル
ルーツ	アメリカ
大《おお》きさ	3.0 ~ 7.0 キロ
性格《せいかく》	人懐《ひとなつ》っこい

チャームポイント

ヒョウみたいなワイルドな模様《もよう》

ヒマラヤンは

ぽっちゃりに
見《み》えるけど、
じつは
筋《きん》肉《にく》のかたまり
（おすもうさん）

ヒマラヤンは、長《なが》いもふもふの毛《け》と青《あお》い目《め》が人気《にんき》のネコです。**鼻《はな》が小《ちい》さく、顔《かお》のパーツがキュッと真《ま》ん中《なか》に集《あつ》まっていてかわいい！**

シャムに似《に》た足《あし》の先《さき》やしっぽに入《はい》った模様《もよう》が、ぬいぐるみのような体《からだ》つきと合《あ》わさってとてもキュートです。

その体《からだ》は長《なが》い毛《け》にかくれていますが、じつはしっかりとした筋肉《きんにく》がついています。でも、運動《うんどう》は好《す》きではありません。

飼《か》い主《ぬし》さんのひざの上《うえ》が大好《だいす》きなおっとりさんですが、じつは「かまってちゃん」な一面《いちめん》もあります。注目《ちゅうもく》されるのが好《す》きなので、一緒《いっしょ》に遊《あそ》ぶとすごく喜《よろこ》びますよ！

ダブルコートといって、外側《そとがわ》のなめらかな毛《け》とふわふわの毛《け》の2種類《しゅるい》を持《も》つヒマラヤンは、何《なに》もしないでいると、どんどんからまって毛玉《けだま》がたくさんできてしまいます。ひざに乗《の》せて、長《なが》い毛《け》をていねいにブラッシングしてあげましょう！

プロフィール

名前《なまえ》	ヒマラヤン
体型《たいけい》	コビー
ルーツ	アメリカ、イギリス
大《おお》きさ	3.0 ～ 6.0 キロ
性格《せいかく》	おっとりともの静《しず》か

チャームポイント

模様入《もようい》りのもふもふ毛並《けな》み！

メインクーンは 巨大《きょだい》だし、水《みず》をはじく

メインクーンはアメリカの北《きた》、ニューイングランド地方《ちほう》メイン州《しゅう》生《う》まれです。雪《ゆき》の中《なか》でも歩《ある》けるように、水《みず》をはじく毛《け》が体《からだ》じゅうに生《は》えています。

ネコの中《なか》でも大《おお》きめで、巨大《きょだい》ネコのギネス記録《きろく》を持《も》つ子《こ》も。**その重《おも》さはなんと、3歳《さい》くらいの人間《にんげん》の男《おとこ》の子《こ》の体重《たいじゅう》と同《おな》じ15・42キロ！**　体《からだ》の長《なが》さやしっぽの長《なが》さなどでもギネスブックにのったほどのビッグサイズです。その姿《すがた》から「おだやかな巨人《きょじん》」と呼《よ》ばれることも。**もふもふの毛並《けな》みとしっぽから、アライグマとイエネコを祖先《そせん》に持《も》つという説《せつ》もあります。**そのため、生《う》まれた地《ち》の名前《なまえ》「メイン」に、アライグマの英語名《えいごめい》「ラクーン」を組《く》み合《あ》わせて「メインクーン」と名《な》づけられました。

おっとりしたやさしい性格《せいかく》で頭《あたま》もよく、よき家族《かぞく》の一員《いちいん》として暮《く》らすことができます。水《みず》をはじく毛《け》におおわれているので、水遊《みずあそ》びにも喜《よろこ》んで参加《さんか》してくれるでしょう！

プロフィール

名前《なまえ》	メインクーン
体型《たいけい》	ロング＆サブスタンシャル
ルーツ	アメリカ
大《おお》きさ	4.0 ～ 9.0 キロ
性格《せいかく》	賢《かしこ》くておだやか

チャームポイント

全身《ぜんしん》をつつむ水《みず》に強《つよ》い毛《け》

ライコイはパッと見《み》オオカミにしか見《み》えない

ライコイは、ギリシャ語《ご》で「オオカミ」の意味《いみ》。**ムキムキの筋肉質《きんにくしつ》な体《からだ》に黒《くろ》とグレーの毛《け》をまとっています。**目《め》や口元《くちもと》、耳《みみ》などの毛《け》がまばらなタイプもおり、**その見《み》た目《め》から「ウェアウルフ・キャット（オオカミネコ）」とも呼《よ》ばれているそう。**ネコにはめずらしい「ローン」と呼《よ》ばれる葦毛《あしげ》（色《いろ》の混《ま》ざったまだら模様《もよう》）で、白《しろ》い毛《け》が多《おお》いと銀色《ぎんいろ》に見《み》えることもあります。

お肌《はだ》が繊細《せんさい》なので、ブラッシングはせず濡《ぬ》らしたタオルなどで体《からだ》を拭《ふ》いてあげるようにします。体《からだ》は小《ちい》さく、においに敏感《びんかん》で、はじめての場所《ばしょ》では慎重《しんちょう》な様子《ようす》が見《み》られることも。ですが、仲良《なかよ》くなると見《み》た目《め》によらず人懐《ひとなつ》っこく、ほかの動《どう》

物《ぶつ》ともすぐ仲良《なかよ》くなります。
2012年《ねん》にアメリカでネコの仲間《なかま》として認《みと》められたばかり。まだまだわかっていないことも多《おお》い、ミステリアスなネコです。

プロフィール

名前《なまえ》	ライコイ
体型《たいけい》	フォーリン
ルーツ	アメリカ
大《おお》きさ	2.0 ～ 4.5 キロ
性格《せいかく》	人懐《ひとなつ》っこい

チャームポイント

きれいで
めずらしい
葦毛《あしげ》！

ペルシャは
毛《け》が
すごくて
着《き》やせするから
太《ふと》っていても
気《き》づかない

ペルシャはかなり古《ふる》い猫《ねこ》の種類《しゅるい》として有名《ゆうめい》です。いつから人《ひと》と一緒《いっしょ》に暮《く》らしているのか、そのはじまりははっきりとわかっていません。しかし、はるか昔《むかし》から人《ひと》とともに生《い》きる古《ふる》い家族《かぞく》として、大切《たいせつ》にされてきました。

クリクリとした大《おお》きな目《め》、耳《みみ》やしっぽなどに長《なが》い飾《かざ》り毛《け》のあるおしゃれな姿《すがた》は、遠《とお》い昔《むかし》からずっと大人《だいにん》気《き》。そのため、いろんなネコと親戚関係《しんせきかんけい》になっているんですよ。

王様《おうさま》のような上品《じょうひん》な見《み》た目《め》とゆったりとした姿《すがた》は、性格《せいかく》そのまま。マイペースにのんびり過《す》ごすのが日課《にっか》のおっとりさんで、大人《おとな》になってからも一日《いちにち》のほとんどの時間《じかん》を寝《ね》て過《す》ごすのが大好《だいす》きです。

体《からだ》が大《おお》きめだから、筋肉《きんにく》質《しつ》に見《み》えるけれど、じつは運動《うんどう》が苦手《にがて》なペルシャ。

ふわふわの毛《け》にかくれて気《き》がつきにくいけれど、うっかり太《ふと》ってしまわないように、気《き》をつけて見守《みまも》ってあげましょう!

プロフィール

名前《なまえ》	ペルシャ
体型《たいけい》	コビー
ルーツ	イラン
大《おお》きさ	3.0 ~ 5.0 キロ
性格《せいかく》	物静《ものしず》かなのんびりやさん

チャームポイント

ふわふわな毛《け》の愛《あい》されボディ

王族《おうぞく》や偉人《いじん》に愛《あい》されがちな人気者《にんきもの》

王族《おうぞく》も
ヴィクトリア女王《じょおう》
ポーズ
偉人《いじん》も
ナイチンゲール
LOVE
みんなチョロいな
フッ

長《なが》い歴史《れきし》を持《も》つペルシャは、これまでにたくさんの王様《おうさま》や偉《えら》い人《ひと》たちからも愛《あい》されてきました。

ペルシャの**美《うつく》しい毛並《けな》み**や**きれいな顔立《かおだ》ち**。また、鳴《な》くことがほとんどなく、**おだやかで落《お》ち着《つ》いた性格《せいかく》**が、上品《じょうひん》な王族《おうぞく》の雰囲気《ふんいき》にぴったりなのかもしれませんね！

ネコ界《かい》の王様《おうさま》とも呼《よ》ばれている

ねこごらむ 5

いろいろなネコの模様《もよう》＆柄《がら》

三毛《みけ》
ブチ
ハチワレ
サビ
キジトラ
ポインテッド

数《すう》十《じっ》種類《しゅるい》以上《いじょう》ある

真《ま》っ白《しろ》や真《ま》っ黒《くろ》など、全《ぜん》身《しん》がひとつの色《いろ》につつまれているネコもいますが、いろいろな色《いろ》が混《ま》ざったネコたちもいますよね。その柄《がら》や模様《もよう》は、じつに数十種類《すうじっしゅるい》以上《いじょう》あるともいわれています。キジトラや三毛《みけ》などは、日本《にほん》にたくさんいるのでよく見《み》かけるかもしれません。**柄《がら》や模様《もよう》が違《ちが》うと、見《み》た目《め》だけではなく、性格《せいかく》にも違《ちが》いが表《あらわ》れる**みたいなんですよ。

ラパーマ

はめっちゃ天《てん》パ

ラパーマは、やわらかい綿《わた》のような巻《ま》き毛《げ》が特徴《とくちょう》。**体《からだ》だけでなく、首《くび》もとにも巻《ま》き毛《げ》を持《も》つおしゃれな子《こ》も。**「ラパーマ」という名前《なまえ》も、その巻《ま》き毛《げ》を意味《いみ》するフランス語《ご》からきています。

1982年《ねん》にアメリカのオレゴン州《しゅう》で生《う》まれたカーリーヘア（巻《ま》き毛《げ》）の子《こ》が最初《さいしょ》とされています。

その後《ご》も巻《ま》き毛《げ》の子《こ》は増《ふ》えていき、その姿《すがた》を見《み》たネコ好《ず》きが夢中《むちゅう》になったことで一気《いっき》に人気《にんき》が高《たか》まったのです！

元気《げんき》いっぱいで人間《にんげん》が大《だい》好《す》き。後《うし》ろからついて回《まわ》ったり背中《せなか》に乗《の》りたがったりと、**いつでも飼《か》い主《ぬし》さんにくっついていたい甘《あま》えんぼうで、やんちゃなところもあります。**

毛《け》の長《なが》い種類《しゅるい》と短《みじか》い種類《しゅるい》がいますが、どちらもやわらかくカールした毛質《けしつ》。長《なが》い毛《け》なのにからまりにくいので、ブラッシングは一日《いちにち》1回《かい》でＯＫ。お世話《せわ》しやすいところも人気《にんき》のヒケツなのです。

プロフィール

名前《なまえ》	ラパーマ
体型《たいけい》	セミフォーリン
ルーツ	アメリカ
大《おお》きさ	2.5 ～ 6.0 キロ
性格《せいかく》	いたずらっ子《こ》

チャームポイント

やわらかくて かわいい巻《ま》き毛《げ》

トイガーは「おもちゃのようなトラ」という意味《いみ》でついた名前《なまえ》。

グリッターと呼《よ》ばれる金色《きんいろ》の毛《け》がキラキラしています。**オレンジ色《いろ》の体《からだ》に入《はい》ったしま模様《もよう》とゆったりと歩《ある》く姿《すがた》は筋肉《きんにく》がモリモリでトラにそっくり。でも、トラの親戚《しんせき》ではなくベンガルの親戚《しんせき》です。**

ベンガルヤマネコと同《おな》じようにあちらこちらを走《はし》り回《まわ》り、キャットタワーにのぼるのも大好《だいす》き。

とてもめずらしい種類《しゅるい》なので、日本《にほん》ではなかなか見《み》られないようです。

性格《せいかく》はおだやかで、遊《あそ》ぶのが大好《だいす》きな元気《げんき》っ子《こ》。人間《にんげん》のことが大好《だいす》きで、ボール遊《あそ》びなどをすると、とっても喜《よろこ》んでくれますよ！

トイガーは トラみたいな見《み》た目《め》だけど、トラ関係《かんけい》ない

体《からだ》つきがしっかりしていて大《おお》きく育《そだ》つタイプなので、大人《おとな》になるまでに少《すこ》し時間《じかん》がかかります。

ご飯《はん》をしっかり食《た》べさせてたくさん遊《あそ》んであげると、元気《げんき》いっぱいに育《そだ》ちます。

プロフィール

名前《なまえ》	トイガー
体型《たいけい》	セミフォーリン
ルーツ	アメリカ
大《おお》きさ	3.0 ～ 7.0 キロ
性格《せいかく》	おだやかで遊《あそ》び好《ず》き

チャームポイント

金色《きんいろ》に見《み》える毛《け》としま模様《もよう》

オシキャットは
斑《はん》点《てん》模《も》様《よう》に
目《め》が行《い》きがちだけど、
顔《かお》超《ちょう》かわいい

オシキャットはヒョウを思《おも》わせる模様《もよう》がとてもきれいなネコです。名《な》前《まえ》の由来《ゆらい》は、中南米《ちゅうなんべい》にいる「オセロット」なのですが、オセロットの仲間《なかま》ではありません。シャムとアビシニアン、アメリカンショートヘアの親戚《しんせき》なのだそう。

ユニークな模様《もよう》が一番《いちばん》目《め》立《だ》ちますが、よく見《み》ると、くりっとしたまん丸《まる》の目《め》と小《ちい》さな顔《かお》がとってもキュート！

呼《よ》ばれたら返事《へんじ》をしたり、ボール遊《あそ》びをしたりと人懐《ひとなつ》っこい性格《せいかく》をしているところも、多《おお》くの人《ひと》に愛《あい》されるポイントなのかもしれません！

高《たか》いところも大好《だいす》きなので、遊《あそ》ぶ場所《ばしょ》を用意《ようい》してあげると大喜《おおよろこ》び。その姿《すがた》から「イヌのような性格《せいかく》」といわれることも。

さびしがりやの一面《いちめん》があり、お留守番《るすばん》は苦手《にがて》です。見《み》た目《め》によらず気《き》が弱《よわ》いタイプなので、ほかの動物《どうぶつ》や人間《にんげん》の子《こ》どもたちとケンカせず仲良《なかよ》くやっていくことができます。

プロフィール

名前《なまえ》	オシキャット
体型《たいけい》	セミフォーリン
ルーツ	アメリカ
大《おお》きさ	2.5 ～ 6.5 キロ
性格《せいかく》	さびしがりやさん

チャームポイント

ユニークな模様《もよう》とかわいい小顔《こがお》！

スフィンクスは
体《からだ》に毛《け》がないし、
ヒゲもない

スフィンクスは、座《すわ》っている姿《すがた》がエジプトのスフィンクスのようだったことがきっかけで、その名前《なまえ》がつけられました。

1966年《ねん》にカナダで生《う》まれた毛《け》のない子《こ》ネコがスフィンクスのはじまりだったといわれているため、「カナディアン・ヘアレス」とも呼《よ》ばれています。

細《こま》かいうぶ毛《げ》をのぞいて、体毛《たいもう》やヒゲがないことがネコ科《か》にしてはめずらしい特徴《とくちょう》。その少《すこ》し変《か》わった見《み》た目《め》から、有名《ゆうめい》なSF《えすえふ》映《えい》画《が》に登場《とうじょう》する宇宙人《うちゅうじん》のモデルになったともいわれています。

高《たか》いところにもひょいっと飛《と》び乗《の》ってしまうほど身《み》軽《がる》で、飼《か》い主《ぬし》のことが大好《だいす》き！ かまってほしくて仕《し》方《かた》がない様子《ようす》を見《み》せることもしょっちゅうです。

元気《げんき》いっぱいのスフィンクスですが、毛《け》が少《すく》ないので寒《さむ》いのは苦手《にがて》。飼《か》い主《ぬし》やほかの動物《どうぶつ》のそばにくっついて体《からだ》を温《あたた》めています。一《いっ》緒《しょ》に暮《く》らすなら、冬《ふゆ》の寒《さむ》さに気《き》をつけてあげましょう。

プロフィール

名前《なまえ》	スフィンクス
体型《たいけい》	セミフォーリン
ルーツ	カナダ
大《おお》きさ	3.5 ～ 7.0 キロ
性格《せいかく》	好奇心旺盛《こうきしんおうせい》な甘《あま》えんぼう

チャームポイント

スエードのようななめらか肌《はだ》！

マンチカンは足短《あしみじか》いけど、運動神経《うんどうしんけい》ヤバい

マンチカンは、短《みじか》い足《あし》がかわいらしくて人気《にんき》の高《たか》いネコです。

名前《なまえ》の由来《ゆらい》は『オズの魔法使《まほうつか》い』に登場《とうじょう》する小人《こびと》たち、「マンチキン族《ぞく》」からきています。

ほかのネコにはない足《あし》の短《みじか》さが一番《いちばん》の特徴《とくちょう》で、ギネスブックにものっています。ちなみに、すべての子《こ》が短足《たんそく》なわけではなく、なかにはふつうの足《あし》の長《なが》さの子《こ》もいるんですよ。

足《あし》が短《みじか》くても、体《からだ》が小《ちい》さくても、しっかりと筋肉《きんにく》がついていて運動神経《うんどうしんけい》はバツグン。**走《はし》るスピードは「まるでスポーツカーのようだ」といわれることだってあるのです！**

走《はし》ったりジャンプしたり元気《げんき》いっぱいに動《うご》き回《まわ》りますが、はしゃぎすぎてケガをしてしまうこともあるので、安全《あんぜん》に気《き》をつけながら広《ひろ》い場所《ばしょ》で楽《たの》しく遊《あそ》んであげましょう。

家族《かぞく》が大好《だいす》きで、人間《にんげん》だけでなく一緒《いっしょ》に暮《く》らすほかの動物《どうぶつ》とも仲良《なかよ》く過《す》ごすことができます。

プロフィール

名前《なまえ》	マンチカン
体型《たいけい》	セミフォーリン
ルーツ	アメリカ
大《おお》きさ	2.0 ～ 4.0 キロ
性格《せいかく》	やんちゃっ子《こ》

チャームポイント

短《みじか》い足《あし》と丸《まる》い顔《かお》！

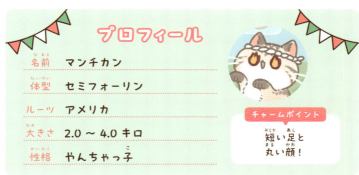

アメリカで発見《はっけん》された短足《たんそく》のネコ

1983年《ねん》アメリカ
こないでー！
ネコがイヌにおそわれていた。
大丈夫《だいじょうぶ》か？
あかん、助《たす》けて
サンドラさんが助《たす》けた。
なんかバランス悪《わる》いな
でも、かわいいやろ
助《たす》けたネコの子《こ》どもは、短足《たんそく》だった。

マンチカンがはじめて見《み》つかったとされるのは、1983年《ねん》のこと。アメリカで音楽《おんがく》の先生《せんせい》をしていたサンドラさんが、車《くるま》の下《した》にかくれる2匹《ひき》の小《ちい》さなネコを発見《はっけん》！　サンドラさんは2匹《ひき》を家《いえ》に連《つ》れて帰《かえ》り大切《たいせつ》に育《そだ》て、生《う》まれた子《こ》どもを知《し》り合《あ》いにゆずったりしながら数《かず》が増《ふ》えていったそうです。

生《う》まれた子の半数《はんすう》は短足《たんそく》だったらしい

ねここらむ 6

ネコって魚《さかな》と肉《にく》、どっちが好《す》き？

じつは超肉食《ちょうにくしょく》

「ネコは肉《にく》よりも魚《さかな》が好《す》き」だと思《おも》われがちですが、じつはもともとは肉《にく》が大好《だいす》きな動物《どうぶつ》なんです！

では、**どうして魚《さかな》が好《す》きそうなイメージがあるのでしょうか？ これは、昔《むかし》の日本人《にほんじん》が肉《にく》よりも魚《さかな》をよく食《た》べていて、ネコたちにも同《おな》じように魚《さかな》ばかりをあげていたから**なのだそうですよ。おうちのネコたちも本《ほん》当《とう》は、ほぼねこたちのように肉食《にくしょく》なのです。

エキゾチックショートヘアは

マズルの短《みじか》さ、
優勝《ゆうしょう》！

マズルと呼《よ》ばれる、鼻《はな》から口《くち》にかけての部《ぶ》分《ぶん》がほかのネコにくらべて短《みじか》いエキゾチックショートヘア。**まるで「への字《じ》」のように見《み》えるその口《くち》と、さわりごこちのよい毛並《けな》みが組《く》み合《あ》わさった、大人気《だいにんき》のネコです。**

　もともとはアメリカンショートヘアとペルシャのいいとこ取《ど》りをした親戚《しんせき》として生《う》まれました。毛《け》が短《みじか》いところ以外《いがい》は、ペルシャにそっくりなのです。

性格《せいかく》はおとなしく、飼《か》い主《ぬし》さん以外《いがい》に抱《だ》っこされても大丈夫《だいじょうぶ》。さびしがりやで甘《あま》えんぼうなので、一匹《いっぴき》でのお留守番《るすばん》が苦手《にがて》です。たくさん遊《あそ》んで「大好《だいす》き」を伝《つた》えてあげると喜《よろこ》んでくれますよ！

　ペルシャより毛並《けな》みのお手入《てい》れがしやすいので**「なまけもの向《む》けのペルシャ」というニックネーム**もあるのだとか。

　長《なが》い毛《け》の子《こ》は、エキゾチックロングヘアと呼《よ》ばれ、こちらもまた大人気《だいにんき》のネコです。

プロフィール

名前《なまえ》	エキゾチックショートヘア
体型《たいけい》	コビー
ルーツ	アメリカ
大《おお》きさ	3.0 ~ 7.0 キロ
性格《せいかく》	おとなしくて甘《あま》えんぼう

チャームポイント

短《みじか》いマズルともふもふの毛並《けな》み

アメリカンカールは

アメリカンカールは、1981年《ねん》にアメリカのカリフォルニア州《しゅう》にとつぜん現《あらわ》れた、耳《みみ》がカールした子《こ》ネコがはじまり。

クルンと反《そ》った耳《みみ》が目印《めじるし》ですが、生《う》まれたときはまっすぐな耳《みみ》を持《も》っています。耳《みみ》はその後《ご》、4カ月《かげつ》ほどでクルンと反《そ》るようになります。

名前《なまえ》にも入《はい》るほど「カール」が印象深《いんしょうぶか》いネコですが、じつはカールしない子《こ》も半分《はんぶん》ぐらいいるのだとか。また、耳《みみ》の巻《ま》き方《かた》もさまざまで、少《すこ》しだけ反《そ》っている子《こ》もいれば耳《みみ》がパタリと後《うし》ろに倒《たお》れている子《こ》もいます。

元気《げんき》いっぱいで飼《か》い主《ぬし》さんが大好《だいす》き。大《おお》きくなっても変《か》わらない愛情表現《あいじょうひょうげん》と性《せい》

カールした耳《みみ》が チャーミングだけど、カールするかは半々《はんはん》

格《かく》から「ネコのピーターパン」とも呼《よ》ばれています。多《おお》くのネコは毛《け》の長《なが》さで種《しゅ》類《るい》が分《わ》かれることが多《おお》いのですが、このネコの場合《ばあい》は毛《け》が長《なが》くても短《みじか》くても、同《おな》じ「アメリカンカール」という種類《しゅるい》です。

プロフィール

名前《なまえ》	アメリカンカール
体型《たいけい》	セミフォーリン
ルーツ	アメリカ
大《おお》きさ	3.0 ～ 5.0 キロ
性格《せいかく》	元気《げんき》いっぱい

チャームポイント

外側《そとがわ》にクルンと反《そ》った耳《みみ》！

ロシアンブルーは

上品《じょうひん》な
青《あお》い毛《け》で
いつも
ほほえんでいる
ように見《み》える

ロシアンブルーは、スラリとした体《からだ》つきに青《あお》っぽいグレーの毛並《けな》み、緑色《みどりいろ》のキラキラした目《め》がとってもきれい！　**ネコの世界《せかい》で「宝石《ほうせき》」と呼《よ》ばれるほどの美《うつく》しさなのです。**

ロシアのアルハンゲリスク港《こう》あたりで生《う》まれたのがはじまりだとされていて、土地《とち》の名前《なまえ》から「アークエンジェルキャット（大天使《だいてんし》のネコ）」と呼《よ》ばれていたそうです。

性格《せいかく》はおだやかで、おしゃべりな一面《いちめん》を持《も》っていますが、人見知《ひとみし》りがあるため初対面《しょたいめん》の人《ひと》にはなかなかなつきません。そのかわり、**一度《いちど》仲良《なかよ》くなると自分《じぶん》からなでてもらいに来《く》る甘《あま》えんぼう。**

のんびりなところもあるけれど、時間《じかん》はきっちり守《まも》りたいタイプのロシアンブルー。ご飯《はん》の時間《じかん》になると、鳴《な》いてお知《し》らせしてくれることもあるのだとか！

また、お留守番《るすばん》が得意《とくい》なしっかり者《もの》ですが、飼《か》い主《ぬし》が帰《かえ》ってくるとうれしさを爆発《ばくはつ》させます。

プロフィール

名前《なまえ》	ロシアンブルー
体型《たいけい》	フォーリン
ルーツ	ロシア
大《おお》きさ	3.0 ～ 5.0 キロ
性格《せいかく》	物静《ものしず》かな人見知《ひとみし》り

チャームポイント

グレーの毛並《けな》みと緑色《みどりいろ》の瞳《ひとみ》！

オリエンタルは
細《ほそ》くて筋肉質《きんにくしつ》で
いつも走《はし》っていて
マラソン選手《せんしゅ》みたい

オリエンタルは、モデルのようなほっそりとした体《からだ》つきに大《おお》きな耳《みみ》を持《も》つ「ザ・ネコ」です。

しっぽも長《なが》く、全体的《ぜんたいてき》にスラリとした体型《たいけい》で、その色《いろ》は白《しろ》、黒《くろ》から茶色《ちゃいろ》やブルーとさまざま！

タビーと呼《よ》ばれるしま模《も》様《よう》や足《あし》の先《さき》だけ色《いろ》が違《ちが》うポインテッドなど体《からだ》の模様《もよう》はさまざまで、その数《かず》なんと300種類以上《しゅるいいじょう》もあるそうです。

性格《せいかく》はとても明《あか》るくて人《にん》間《げん》のことが大好《だいす》きですが、見《み》かけによらずさびしがりやで甘《あま》えんぼう。そのため、一人《ひとり》でのお留守番《るすばん》は苦手《にがて》です。

飼《か》い主《ぬし》さんにかまってもらうまで大《おお》きな声《こえ》で話《はな》しかけ続《つづ》け、それでも相手《あいて》にされないとすねてしまうこともあるのだとか。

ほっそりとした体《からだ》つきだけれど、しっかりと筋肉《きんにく》がついていて、運動《うんどう》が大好《だいす》き。広《ひろ》い環境《かんきょう》を用意《ようい》してあげると、**まるでマラソン選手《せんしゅ》のように元気《げんき》いっぱいに走《はし》り回《まわ》って過《す》ごします。**

プロフィール

名前《なまえ》	オリエンタル
体型《たいけい》	オリエンタル
ルーツ	イギリス
大《おお》きさ	2.5 ～ 5.5 キロ
性格《せいかく》	ねばり強《づよ》い

チャームポイント

スリムな体《からだ》と大《おお》きな耳《みみ》！

バンビーノは まるで子《こ》ブタみたい

バンビーノは、足《あし》が短《みじか》いスフィンクスのよう。その見《み》た目《め》の通《とお》り、スフィンクスとマンチカンの子《こ》どもとしてアメリカで生《う》まれました。**短《みじか》い足《あし》と毛《け》のない見《み》た目《め》は、まるでブタの仲間《なかま》にも見《み》えますね！**

毛《け》がまったくないように見《み》えますが、目《め》をこらしてみるとうぶ毛《げ》が生《は》えているのがわかります。さわってみるとやわらかく、そのさわりごこちのよさは桃《もも》のようです。見《み》た目《め》の印象《いんしょう》からイタリア語《ご》で「赤《あか》ちゃん」を意味《いみ》するバンビーノという名前《なまえ》がつきました。

体《からだ》は小《ちい》さめだけれど運動《うんどう》が大好《だいす》きで、たくさん走《はし》り回《まわ》るやんちゃな一面《いちめん》も。人《ひと》懐《なつ》っこいので、ほかの動物《どうぶつ》ともすぐに仲《なか》

良《よ》くなれます。
毛《け》がほとんどないので寒《さむ》さや日差《ひざ》しの強《つよ》さが苦手《にがて》。一緒《いっしょ》に暮《く》らすなら、夏《なつ》は日《ひ》焼《や》けに注意《ちゅうい》し、冬《ふゆ》は暖《あたた》かく過《す》ごせるとよいでしょう。

プロフィール

名前《なまえ》	バンビーノ
体型《たいけい》	セミフォーリン
ルーツ	アメリカ
大《おお》きさ	2.5 ~ 4.0 キロ
性格《せいかく》	やんちゃな元気《げんき》っ子《こ》

チャームポイント

桃《もも》のようなすべすべの肌《はだ》！

スコティッシュフォールドは

たれ耳《みみ》だから耳掃除《みみそうじ》が大事《だいじ》

スコティッシュフォールドは、前《まえ》にぺこりと折《お》れた耳《みみ》が特徴《とくちょう》のネコ。かわいいけれど耳《みみ》が汚《よご》れやすいので、こまめなお掃除《そうじ》が大切《たいせつ》です。

生《う》まれてから3週間《しゅうかん》ほどで耳《みみ》が折《お》れはじめますが、なかには耳《みみ》が立《た》ったままの子《こ》もおり、その子たちは「スコティッシュストレート」と呼《よ》ばれます。また、長《なが》い毛《け》につつまれた「スコティッシュフォールドロングヘア」という仲間《なかま》もいます。

1961年《ねん》に、スコットランドで見《み》つかったことから、名前《なまえ》に「スコティッシュ」が入《はい》ったといわれています。

日本《にほん》ではいつもランキング上位《じょうい》の人気者《にんきもの》です。

性格《せいかく》はおっとりしていて甘《あま》えんぼう。人見知《ひとみし》りはなく、ほかの動物《どうぶつ》や子《こ》どもたちとも仲良《なかよ》く過《す》ごすことができます。

まん丸《まる》のシルエットが人《にん》気《き》で、「ふくろう」「テディベア」などのニックネームでも親《した》しまれているようですよ。

プロフィール

名前《なまえ》	スコティッシュフォールド
体型《たいけい》	セミコビー
ルーツ	イギリス
大《おお》きさ	2.5 ～ 6.0 キロ
性格《せいかく》	おおらかで人間大好《にんげんだいす》き

チャームポイント
かわいいたれ耳《みみ》とまん丸顔《まるがお》！

とにかくかわいいスコ座《ずわ》り

かわいい総選挙《そうせんきょ》
うるうる瞳党《ひとみとう》
清《きよ》き一票《いっぴょう》よろしくにゃん
一日一《いちにちいち》もふりを実現《じつげん》します!
もふっ
もふもふ毛玉党《けだまとう》
やっぱりスコ党《とう》かな
安心感《あんしんかん》が違《ちが》う
票入れてや
スコ座《ずわ》り党《とう》

ネコなのに、お尻《しり》を床《ゆか》につけて、足《あし》を前《まえ》に投《な》げ出《だ》す人間《にんげん》の赤《あか》ちゃんのような座《すわ》り方《かた》。スコティッシュフォールドによく見《み》られることから「スコ座《ずわ》り」と呼《よ》ばれ、キュートで大人気《だいにんき》!

おなかを見《み》せてリラックスしたポーズをとるのは、おうちや飼《か》い主《ぬし》さんのことを信頼《しんらい》している証《あかし》なのです。

ブッダの座《すわ》り方《かた》ともいわれている

ねこらむ 7

ジャコウネコはネコってつくけどネコじゃない

ハクビシンの仲間《なかま》

森《もり》の中《なか》にすむ「ジャコウネコ」という野生動物《やせいどうぶつ》。見《み》た目《め》はネコに見《み》えなくもないですし、なにより名《な》前《まえ》に「ネコ」と入《はい》っていますが、じつはネコではないのです。

ジャコウネコは、ジャコウネコ科《か》という、ネコ科《か》とは別《べつ》のグループのメンバー。日本《にほん》にもすんでいるハクビシンという動物《どうぶつ》も、このジャコウネコ科《か》の仲間《なかま》なんですよ。

ブリティッシュショートヘアは

まん丸《まる》お顔《かお》でお月《つき》さまみたい

ブリティッシュショートヘアは、イギリスの物語《ものがたり》『不思議《ふしぎ》の国《くに》のアリス』に登場《とうじょう》するチェシャネコのモデルとされています。**見《み》るからにもふもふとした、お月《つき》さまのようなまん丸《まる》お顔《かお》はさわりごこちも最高《さいこう》！**　短毛《たんもう》のネコだとされていますが、ときどき長《なが》い毛《け》の子《こ》も生《う》まれ「ブリティッシュロングヘア」と呼《よ》ばれます。

はじまりはローマ時代《じだい》にまでさかのぼり、船《ふね》に乗《の》ってやってきたのではないかといわれています。

「テディベア・キャット」とも呼《よ》ばれるほどのふわふわな見《み》た目《め》ですが、意外《いがい》と筋肉《きんにく》のついたがっちりボディの持《も》ち主《ぬし》。運動《うんどう》が好《す》きで、おもちゃをもらうと飛《と》びついて遊《あそ》ぶ様子《ようす》も見《み》られます！

小《ちい》さいころは甘《あま》えんぼうですが、成長《せいちょう》するにつれて一匹《いっぴき》で過《す》ごす時間《じかん》を楽《たの》しむようになります。お留守番《るすばん》も得意《とくい》なので、外《そと》に出《で》ることが多《おお》い人《ひと》とも仲良《なかよ》く暮《く》らせるのです。

プロフィール

名前《なまえ》　ブリティッシュショートヘア

体型《たいけい》　セミコビー

ルーツ　イギリス

大《おお》きさ　3.0 ～ 7.5 キロ

性格《せいかく》　マイペースなのんびりやさん

チャームポイント

ぬいぐるみのような
もふもふボディ！

ボンベイは
とにかく真《ま》っ黒《くろ》で、
暗闇《くらやみ》では絶対《ぜったい》に
わからない

ボンベイは、インドにすむ「クロヒョウ」のような、**真《ま》っ黒《くろ》な体《からだ》に金色《きんいろ》の目《め》をしたとてもかっこいいネコ**です。

暗《くら》いところにいたら、まるで忍者《にんじゃ》のように身《み》をかくすことができそうですね！

生《う》まれはアメリカのケンタッキー州《しゅう》。「クロヒョウのようなかっこいいネコを飼《か》いたい！」という願《ねが》いから生《う》まれた、アメリカンショートヘアと「バーミーズ」というネコの親戚《しんせき》なんです。

つやつやの短《みじか》い毛並《けな》みに筋肉《きんにく》のついた体《からだ》つきは、見《み》た目《め》よりも重《おも》くしっかりしています。

見《み》た目《め》のクールなイメージとは違《ちが》って、性格《せいかく》は明《あか》るく元気《げんき》。

家族《かぞく》が大好《だいす》きな人懐《ひとなつ》っこいところがあって、一緒《いっしょ》に暮《く》らすほかの動物《どうぶつ》や飼《か》い主《ぬし》に自分《じぶん》から近寄《ちかよ》っていく姿《すがた》が見《み》られます。

頭《あたま》がよく、遊《あそ》ぶのが大好《だいす》きなので、人間《にんげん》の子《こ》どもたちともすぐに仲良《なかよ》くなれるでしょう。

プロフィール

名前《なまえ》	ボンベイ
体型《たいけい》	セミコビー
ルーツ	アメリカ
大《おお》きさ	2.5 ～ 5.0 キロ
性格《せいかく》	明《あか》るくて遊《あそ》び好《ず》き

チャームポイント

真《ま》っ黒《くろ》な毛並《けな》みと金色《きんいろ》の瞳《ひとみ》！

バーマンは靴下《くつした》はいてる

バーマンは、古代《こだい》ビルマ（今《いま》のミャンマー）でお寺《てら》のお坊《ぼう》さんたちにかわいがられていたネコがはじまりだといわれています。**その足《あし》の先《さき》は白《しろ》く、まるで靴下《くつした》をはいているかのように見《み》えます！**

前足《まえあし》の模様《もよう》は「ミトン」または「グローブ」、後《うし》ろ足《あし》は「レース」と呼《よ》ばれます。この模様《もよう》は生《う》まれたときにはまだなく、成長《せいちょう》するにつれて少《すこ》しずつ出《で》てくるのだそう。

ふわふわの長《なが》い毛《け》はなめらかでさわりごこちがよく、毛《け》の質《しつ》もさらさらなので、あまりからまることもありません。

性格《せいかく》はおだやかで、遊《あそ》ぶことが大好《だいす》きな甘《あま》えんぼう。いつも飼《か》い主《ぬし》さんのそばにいたくて、後《うし》ろからついて歩《ある》くこともしょっちゅうです。子《こ》どものころはやんちゃっ子《こ》でたくさん走《はし》り回《まわ》りますが、大人《おとな》になるにつれておだやかで落《お》ち着《つ》いていきます。やさしい性格《せいかく》なので、小《ちい》さな子《こ》どもとも仲良《なかよ》く暮《く》らせます。

プロフィール

名前《なまえ》	バーマン
体型《たいけい》	ロング＆サブスタンシャル
ルーツ	ミャンマー
大《おお》きさ	3.0～7.0キロ
性格《せいかく》	甘《あま》えんぼうでやさしい

チャームポイント
靴下《くつした》みたいな足《あし》の模様《もよう》！

家《いえ》ねこクイズ

それぞれに、まったく違《ちが》ったかわいさを持《も》つ家《いえ》ねこたち。個性《こせい》ゆたかな特徴《とくちょう》を、おさらいしてみましょう！

1

これはだれのおでこ？

2

全身《ぜんしん》くるくるヘアの家《いえ》ねこは？

3

オオカミみたいな
見《み》た目《め》の
家《いえ》ねこは？

4

日本生《にほんう》まれだよ！

招《まね》き猫《ねこ》の
モデルになった
家《いえ》ねこは？

5

「おもちゃのようなトラ」だって！

トラみたいな
見《み》た目《め》の
家《いえ》ねこは？

こたえ Q3：ライコイ Q4：ジャパニーズボブテイル Q5：トイガー

1

体型《たいけい》がスリムな順《じゅん》に並《なら》べてみよう

A

オリエンタル

B

バーマン

C

アメリカンカール

2

体型《たいけい》ががっちりした順《じゅん》に並《なら》べてみよう

A

ペルシャ

B

ベンガル

C

シャム

こたえ Q1:A→C→B Q2:B→A→C

3

水《みず》をはじく毛《け》を持《も》っているのはどっち？

ライコイ

or

メインクーン

肉球《にくきゅう》の間《あいだ》にも生《は》えているよ

4

毛《け》の量《りょう》が多《おお》い順《じゅん》に並《なら》べてみよう

A

バンビーノ

B

ロシアンブルー

C

ペルシャ

こたえ　Q3：メインクーン　Q4：C→B→A

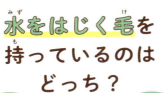

おわりに

ほぼねこと家《いえ》ねこたちの
おもしろくてかわいい特徴《とくちょう》を
たくさんご紹介《しょうかい》しましたが、
いかがでしたか？

クールでたくましいイメージのあるほぼねこたちの、
ちょっぴりお茶目《ちゃめ》な姿《すがた》や、
似《に》ているように見《み》える家《いえ》ねこたちが
持《も》っている意外《いがい》な個性《こせい》まで、
最後《さいご》まで読《よ》んでくれたみなさんならきっと、

ネコ科《か》動物《どうぶつ》のことがもっと好《す》きに
なったのではないかと思《おも》います！

ネコたちの特徴《とくちょう》は、
まだまだわかっていないことも多《おお》く、
日々《ひび》研究《けんきゅう》が進《すす》められています。

この本《ほん》をきっかけに
みなさんもネコたちのことを
もっとたくさん学《まな》んで、
最高《さいこう》にオモかわいい特徴《とくちょう》を
どんどん見《み》つけていって
もらえたらうれしいです！

参考文献《さんこうぶんけん》

**ほぼねこや家《いえ》ねこのことを、
もっとくわしく知《し》りたい人《ひと》はぜひ読《よ》んでみよう!**

『世界の野生ネコ 新装版』
今泉忠明 監修/Gakken

『家のネコと野生のネコ』
澤井聖一、近藤雄生 著/エクスナレッジ

『世界の飼い猫と野生猫』
ジュリアナ・フォトプロス 著、沢田陽子 訳、今泉忠明 監修/エクスナレッジ

『世界中で愛される美しすぎる猫図鑑』
福田豊文 写真、今泉忠明 監修/大和書房

『美しすぎるネコ科図鑑』
南幅俊輔 編集、今泉忠明 監修/小学館

『世界で一番美しい猫の図鑑』
タムシン・ピッケラル 著、アストリッド・ハリソン 写真、五十嵐友子 訳
/エクスナレッジ

『ネコの博物図鑑』
サラ・ブラウン 著、角敦子 訳/原書房

監修 **今泉 忠明**(いまいずみ ただあき)

哺乳類動物学者。1944年、東京生まれ。東京水産大学U(現・東京海洋大学)卒業。国立科学博物館では哺乳類の分類学・生態学を学ぶ。文部省(現・文部科学省)の国際生物学事業計画(IBP)調査、環境庁(現・環境省)のイリオモテヤマネコの生態調査などに参加する。上野動物園の動物解説員を経て、静岡県の「ねこの博物館」館長を務める。主な著書に『「もしも?」の図鑑 身近な危険生物対応マニュアル』(実業之日本社)、『巣の大研究』(PHP研究所)、監修に『おもしろい!進化のふしぎ ざんねんないきもの事典』(高橋書店)などがある。

イラストレーター　**湊谷鈴**（みなとや すず）

デフォルメしたゆるくてかわいいイラストを得意とするイラストレーター・絵本作家。Xを中心としたSNSで人気を集めており、オリジナルキャラクターの「湊谷鈴ふれんず！」はプライズやカプセルトイで発売されるなど活躍の幅を広げている。

オリジナルキャラクター

みなとや すず ★★★ friends
湊谷鈴ふれんず！

etc…

SNSアカウント

Instagram　X　pixiv　HP

スタッフ

編集	丹羽祐太朗、細谷健次朗（株式会社 G.B.）
編集協力	鳥飼アミカ、鳥居佳織
カバー・本文デザイン	別府 拓、奥平菜月（Q.design）
DTP	佐藤世志子
校正	聚珍社

※ネコの前足の指は5本ですが、第1指は通常毛におおわれて目立たないため、イラストでは省略いたします。また、本書で紹介している生態は諸説ございますので、ご了承ください。

最高《さいこう》にオモかわいい ほぼねことねこ図鑑《ずかん》

2025年2月1日　第1刷発行

監修者　今泉忠明《いまいずみただあき》
イラスト　湊《みなと》谷《や》 鈴《すず》
発行者　竹村 響
印刷所　株式会社光邦
製本所　株式会社光邦
発行所　株式会社 日本文芸社
〒100-0003　東京都千代田区一ツ橋 1-1-1 パレスサイドビル 8F

Printed in Japan　112250117-112250117 Ⓝ 01　(090020)
ISBN978-4-537-22262-3

編集担当　藤澤

乱丁・落丁などの不良品、内容に関するお問い合わせは、小社ウェブサイトお問い合わせフォームまでお願いいたします。
ウェブサイト　https://www.nihonbungeisha.co.jp/